KB110514

안토니 가우디

아름다움을 건축한 수도자

차례

Contents

존경과 멸시의 대상

가우디는 누구인가? 가우디는 '20세기의 미켈란젤로(Michelan-gelo)'라고 부를 수 있을 만큼 자유로운 사고를 가진 건축가였다. 가우디는 작은 소품이든 커다란 건축물이든 기존의 양식이나 관념에 얽매이지 않은 채로 작업에 임했다. 그런 이유로 가우디의 작품은 어떤 특정한 양식으로 분류하기 힘들 뿐만 아니라, 어떤 특정한 건축가나 예술가의 영향을 받았다고 확신하기도 어렵다. 그의 작품은 모방이 불가능한 독창적인 예술품이며, 열정에 사로잡힌 한 예술가의 혼이 투영된 모습을 보인다. 메넨데스 피달(Ramon Menendez Pidal)의 말을 빌리면 가우디의 건축은 신이 내려준 능력이 아닌 처절한 노력이 빚어낸 결과였다.

스페인이 낳은 천재 가우디의 작품은 끈질긴 노력의 산물이다. 고유한 전통에 뿌리를 두고 생명력을 얻으며, 오랜 시간이 지나야 완전히 무르익는 열매와 같다. 이 결실은 매우 낯설고도 신기하기에 그 가치를 인정받는다. 왜냐하면 그것은 선례가 없을 뿐만 아니라, 작품을 구성하는 요소가 우리의 상상을 뛰어넘는 효과를 내기 때문이다.

가우디의 작품은 보는 이로 하여금 "무엇을 표현하려 한 것인가"라는 커다란 궁금증을 유발시키며, 보는 사람의 취향이나 기분에 따라 자유롭게 해석될 수 있다. 가우디의 건축을 경험하다 보면 때로는 엄숙한 신의 위엄이 느껴지다가도 어느 때에는 신비스러운 생명체들의 이야기 속에서 여행하는 감흥이 느껴지거나 혹은 어느 낯선 나라에 온 듯한 착각에 빠져들기도 한다. 마치 추상미술에서나 얻을 수 있을 것 같은 이러한 자유로움은 보는 사람마다 색다른 경험을 제공하는 기쁨을 주기도 하지만, 가우디를 평가하는 데 있어 나쁘게 작용하기도 한다. 즉 가우디의 건축은 일반적인 범주의 틀 속에서 객관적인 방식으로는 설명하기가 힘들기에 그를 가리켜 하늘이 내린 '천재'라는 칭찬이 존재하는 반면, 비뚤어진 '이단아'로 불려지기도 하는 것이다.

시대의 흐름에 따르지 않는 자유로움은 건축가의 방종이며 죄악인가? 가우디에 대한 혹평은 대부분 근대예술의 혁명적인 전선에 있던 선두주자들에 의한 것이었으며, 그들이 보기에 가우디의 건축은 뿌리도 근원도 없이 단순히 독특하게만 보이려는 시도로만 비쳐졌다. 어떤 이는 "무조건 새로운 것과 기괴한 것을 좇는 가우디의 의식적인 노력은 천박하기만 하다"라고 경멸하였으며, 『동물농장』으로 우리에게 잘 알려진 영국 작가 조지 오웰(George Orwell)은 가우디

스케치로 표현된 생전의 가우디 모습.

의 대표 작품인 「사그라다 파밀리아 성당 La Sagrada Familia」(이하 「성가족 성당」)에 대해 다음과 같은 모욕적인 발언을 서슴지 않았다.

모더니즘 양식의 성당이자 세상에서 가장 혐오스런 건물 가운데 하나인 「성가족 성당」을 보았다. 그 성당에는 포도주병과 꼭 닮은 아몬드 형 첨탑 4개가 서 있다. 「성가족 성당」은 바르셀로나에 있는 다른 성당과는 달리 혁명기간 동안 어떠한 손상도 입지 않았는데, 사람들은 이 대성당이 지닌 소위 '예술적 가치' 때문이었다고 말한다. 하지만 내 생각엔 무정부주의자들이 폭격할 기회가 있었음에도 불구하고, 기분을 망치지 않으려고 이 흉물스런 건축물을 피해간 것 같다.

순수한 합리주의적인 건축이 절정을 이루던 시대에 자유로운 곡선의 아름다움을 고집한 가우디의 건축은 그만큼 독보적인 것이었고, 세인의 관심의 대상이 되었다. 하지만 가우디는 이러한 주변의 비난에 개의치 않고 자신의 활동범위를 공예, 조각, 가구에까지 넓혀 다양한 작품에 독창적인 예술가의 혼을 불어넣었다.

사람들은 가우디의 작품뿐만 아니라 행동 하나하나에도 관심을 기울였다. 그는 늘 말이 없고 허름한 차림새에 이상한 실험들을 일삼았기 때문에 평생 괴짜라는 꼬리표를 안고 살았으며, 그런 가우디의 성격을 묘사하고 있는 표현들에는 모순되는 어휘로 가득하다. '귀족적이면서 천박한, 댄디(dandy)이자 방랑자인, 박식하지만 오락가락하는, 기지가 넘치지만 재미없는 사람 가우디.' 어쩌면 이렇게 예측하기 어려운 가우디의 행동으로 인해 그의 작품들이 왜곡되어 표현되고 있는지도 모른다.

하지만 그의 친구들이나 동료들, 그리고 식구들이 남긴 기록을 보면 외부에서 바라본 인간 가우디에 대한 시선이 얼마만큼 왜곡되어 있었는지를 알게 된다. 그는 자연과 민족을 사랑한 뜨거운 마음의 소유자였으며, 비록 자신은 가정을 가질 수 없었지만, 대신 친구의 아들을 자신의 아들처럼 여길 줄 아는 따뜻한 마음을 가진 자였다. 또한 지상에 하나님의 나라를 건설하고자 일생을 바친 '신의 건축가'인 동시에 자연의 아름다움을 제대로 표현할 줄 아는 '조형의 마술사'였다.

그럼에도 불구하고 지금까지도 가우디에 대한 온갖 억측이

난무한 것은 왜일까? 그것은 여느 건축 거장들과는 달리 가우디에 대해서는 개인적인 삶이나 건축관 등 개인사적인 기록이 남아있지 않기 때문이다. 그나마 친구나 제자들에 의해 기록되었던 '가우디 어록'이나 '건축 스케치'들마저 1936년 7월 무정부주의자들에 의해 많은 부분이 파손됨으로써 가우디의 인간적인 면과 생각들은 베일 속에 가려져 버렸다. 그런 배경 속에서, 지금까지 가우디는 건축작품을 중심으로 형태나 장식기법에 초점이 맞추어져 소개되는 정도에 만족해야 했다. 하지만 가우디의 건축세계를 올바른 눈으로 바라보기 위해서는 닫혀있는 인간 가우디의 세계에 문을 두드려야 한다. 왜냐하면 가우디 건축이 가진 많은 비밀의 열쇠는 그의 숨겨진 삶에서 찾을 수 있기 때문이다.

　　바닥까지 떨어졌던 가우디에 대한 평가는 몇 명의 혁신적인 근대 건축가들에 의해 그 위상이 회복되었다. 독일의 건축가 월터 그로피우스(Walter Gropius)는 "「성가족 성당」의 벽면은 건축공학적으로 완벽하여 신기에 가깝다"며 그의 창조적인 시도에 감탄했고, 비판적인 눈으로만 바라보던 니콜라스 페브스너(Nikolaus Pevsner) 역시 "가우디는 아르누보(Art Nouveau)에 의해 탄생된 천재였다"라고 고백하고 있다. 어쩌면 그의 천재성은 오르테가 이 가세트(Oretega y Gasset)의 말처럼 자국인 스페인 국민의 무지 때문에 더 가려져 있었는지도 모른다.

　　고독한 천재와 평범한 대중 사이에 중간 계층이 없어 서로 교류도 없다. 따라서 우수한 스페인 천재들은 항상 어정쩡한 '보통 사람'일 수밖에 없으며, 그들의 작품은 싸구려 취급에서 자유롭지 못하다.

근대건축의 거장 르 꼬르뷔지에(Le Corbusier)가 유일하게 천재라고 칭찬했던 건축가 가우디는 오히려 죽어서 그 화려한 빛을 발하고 있다. 그가 지은 「구엘 저택 Güell Pavilions」「구엘 공원 Park Güell」「카사 밀라 Casa Milá」 등의 작품이 1984년 세계문화유산으로 지정되었고, 그의 마지막 작품 「성가족 성당 La Sagrada Familia」은 아직도 세계의 이목을 끌며 완성될 날을 향해 조금씩 나아가고 있기 때문이다.

혼돈의 시기, 혼돈의 땅

가우디가 태어나고 활동했을 당시 유럽의 동향은 어떠했는가? 당시 유럽은 엄청난 변화의 소용돌이 한가운데 있었다. 산업혁명으로 인한 산업기계의 출현은 인간의 생활을 좀더 편하고 빠르게 변화시켰고, 정신적인 자각은 이 시기를 도전과 투쟁의 시대로 만들어 가고 있었다. 이제까지 세계를 지배하던 관념과 기준은 이제 새로운 주인에게 그 자리를 양보해야만 했던 것이다. 건축과 예술 분야도 예외가 될 수 없었다. 새로운 시대는 새로운 예술과 건축을 요구했다. 19세기 말 창작은 '시대의 비전'을 표현하든가, 그렇지 않으면 당시까지의 예술을 지배하던 덕목인 '정직함'과 '세밀함'을 능가하는 그 무엇이어야 했다. 이제 예술은 사물을 있는 그대로 보여주는 '사실적인 표현'에서 벗어나 그 근본을 표현하려는 움직임으로 변해가고 있었던 것이다. 하지만 어느 때보다도 빠르게 변해가는 시대에 그 '시대정신'을 표현한다는 것은 말처럼 쉬운 일이 아니었다.

자존심 강한 건축가들이 택한 최선의 방법은 무엇이었을까? 그들은 변화하는 세계로 뛰어들기보다는 과거의 영광이 보존되어 있는 도서관에서 그 해답을 찾기로 했다. 결국 많은 건축가들은 과거 조상들이 이미 행했던 건축물을 모방하고 재조합하는 소극적인 대응을 했던 것이다. 과거 황금시대에 대한 모방은 크게 3가지로 나타났는데, 그리스·로마·르네상스를 복제한 신고전주의(Neo-Classicism)와 고딕건축에 대한 부활을 꿈꾸는 고딕복고주의(Gothic Revivalism), 그리고 과거 여러 양식들의 혼합을 통해 새로운 양식의 창조를 의도한 절충주의(Eclecticism)가 그것이었다. 그들의 작업은 사진술과 고고학의 발전에 힘입어 힘있게 진행되었다.

이와는 달리 진취적인 성향을 가진 일부 건축가들은 시대가 가진 기술을 믿었고, 그것을 건축으로 표현하려고 노력했다. 이들은 과거양식의 모방이 아니라 시대를 표현하는 새로운 건축형태를 만들어야 한다는 생각을 가졌으며, 그 결과 철과 유리라는 새로운 재료, 그리고 그것을 다루는 새로운 기술이 나타나게 되었다. 이러한 '새로움을 향한 도약'은 순수예술을 끌어들이면서 근대건축의 강력한 태풍을 예고하게 되었는데, 이는 몇몇 전위적인 예술가들로부터 시작되었다. 피카소

(Picasso)로 대변되는 큐비즘(Cubism)은 근대건축이 추상적인 아름다움을 가지는 데 절대적인 영향을 미쳤으며, 자연이 가진 형상을 기계적인 아름다움으로 승화하려는 '아르누보'양식은 '강철'이라는 새로운 재료의 조형 가능성을 시사했다.

같은 시기 가우디의 활동무대인 스페인도 개혁의 의지로 들끓긴 마찬가지였다. 하지만 유럽의 많은 나라들이 문화적 과도기를 겪으면서도 발전하고 있었던 것에 비해 스페인은 계속되는 정치적 혼란으로 인해 문화적인 안정을 기대하기 힘들었다. 그 혼란은 스페인 지역 간의 정치·문화적인 마찰로서, 지역발전의 자극제가 되기도 했지만, 지금까지 쌓아온 독특한 문화를 보존하고 발전시키는 데 있어 커다란 걸림돌이 되었다. 특히 1909년 무정부주의자와 사회주의자들에 의해 저질러진 '비극의 주(週)' 사건은 수많은 수도원과 성당 등 스페인의 문화적 산물들을 잿더미로 만들어 버린 슬픈 사건이었다. 이러한 개혁과 반동 사이에서 일어난 정치·사회적 줄다리기는 가우디의 작품 속에서도 가시적으로 혹은 비가시적으로 녹아들어 표현되었으며, 강철을 사용해 자연물의 유기적인 곡선을 표현한 가우디의 초기 디자인은 당시 유럽 전체를 휘감았던 아르누보의 흐름 속에서 탄생된 것이라고 할 수 있을 것이다.

미래에 대한 도전과 시도가 곧 '시대적 열망'이라고 생각했던 시기에 태어난 가우디는 어쩌면 진정으로 이 시대가 요구했던 창조적인 건축가였는지 모른다. 척박한 땅에 뿌려진 씨앗처럼 가우디는 어느 누구보다도 강한 의지와 가능성을 가지

고 있었으며, 그것을 더욱더 강하게 만들어 준 것은 다름 아닌
그의 민족 카탈루냐(Catalonia)였다.

나의 민족, 카탈루냐

풍부한 땅

1852년 6월 25일 안토니 가우디 이 코르네(Antoni Gaudi y Cornet)는 프란시스코 가우디 세라(Francesco Gaudi Sera)와 안토니아 코르네트 벨트란(Antonia Cornet Beltran) 사이에서 다섯 번째 아이로 태어났다. 이미 두 아이를 잃은 가우디 부부에게 새로 태어난 안토니는 매우 소중한 아이였다. 언제 죽을지 모르는 아기를 위해 부모가 할 수 있는 일이란 숨이 붙어있을 때 세례를 받게 하는 것뿐이었다. 약한 몸으로 태어나 하루하루를 힘겹게 살아야 했던 가우디에게 커다란 힘이 되었던 것은 어머니의 사랑이었다. "약한 몸으로나마 살아있다는 건 분명 하나님께서 뜻하신 바가 있다는 것, 그 뜻을 이루려면 병마와 싸워 이겨야 한다"는 어머니의 기도는 가우디로 하여금 세상을 살아가게 하는 희망이 되었다.

가우디가 태어난 곳은 카탈루냐 지방의 작은 시골 마을인 타라고나(Tarragona) 주의 레우스(Reus)로서, 이곳은 언제나 지중해의 강렬한 태양빛이 넘쳐나는 곳이다. 천재는 천재로서 태어나는가? 심약하지만 상상력이 풍부한 가우디에게 천재적인 성향을 불어넣어 준 것은 다름 아닌 고향의 자연이었다. 가우디의 독특한 생각과 창조적인 작품의 싹은 그가 태어나고 뛰놀던 곳, 그가 숨쉬며 공유했던 시간들 속에 존재한다. 그런 이유에서 필자는 가우디가 어떠한 환경 속에서 자라났으며 무엇으로부터 영향을 받았는지에 대해 알아보려 한다. 가우디의 작품 속에 존재하는 시대·문화적 맥락을 모른 채 단순히 그의 작품을 말한다면, 장미가 얼마나 향기로운지 모르면서 그것의 외형만을 설명하는 것과 같다고 할 수 있을 것이다.

가우디의 고향 레우스는 타라고나의 평원지대에 있으며, 크고 작은 산맥과 바다가 주위를 감싸고 있다. 납작하게 엎드린 평야지대엔 농가와 농장들이 드문드문 보이고, 중세에 건설된 성당의 뾰족탑들은 단조로운 풍경에 활기를 주고 있다. 어린 시절 가우디는 허약한 몸 때문에 혼자일 때가 많았다. 다리가 아파 학교에 가지 못하는 날이면 가우디는 근처 숲과 강가에서 혼자 자연을 벗삼아 놀곤 했다. 산들거리며 다가와 뺨을 두드리는 바람과 여러 가지 형태로 변하며 유유히 흘러가는 구름,

강가에 흩어져 있는 크고 작은 모래자갈과 들판을 뒤덮은 이름 모를 들풀들. 어느 하나도 가우디에게는 그냥 지나칠 수 없는 소중한 친구들로 가우디의 눈과 마음을 사로잡았다.

이렇게 싹튼 고향에 대한 남다른 관심과 사랑은 가우디의 건축을 꽃피우게 한 자양분이 되었다. 특히 레우스 주변에 흩어져 있는 옛 건축물들은 어린 가우디에게 더할 나위 없이 좋은 놀이터이자 산 교육장이 되었다. 당시 레우스는 로마네스크(Romanesque), 고딕(Gothic), 바로크(Baroque) 등 각각의 양식들로 건축된 성당들의 잔재를 풍부하게 경험할 수 있는 곳이었는데, 수업을 마치고 난 가우디와 그의 절친한 친구 토다, 리베라에게 이곳은 고고학 놀이를 할 수 있는 보물창고였던 것이다.

고향의 자연은 이처럼 가우디에게 끊임없이 말을 걸어와 다양한 상상의 세계를 펼칠 수 있도록 하였고, 자연 속에 흩어져 있는 옛 건축물들은 가우디의 지적 호기심을 자극시켜주었다. 가우디는 이곳을 '세상에서 가장 아름다운 곳'이라고 묘사하곤 했다. 비록 약한 몸이었지만 가우디는 결코 불행하거나 외롭지 않았다. 그에게는 밤을 새며 카탈루냐의 영웅과 예술에 관해 이야기할 친구들이 있었고, 무궁무진한 얘깃거리를 제공하는 레우스의 광활한 대지가 있었기 때문이다.

고향의 자연이 가우디에게 풍부한 상상력을 제공했다면, 시간을 초월해 존재하는 건축 유적들은 사물을 꿰뚫어보는 힘을 주었다. 모험심과 호기심을 공유한 세 친구는 어느 날 로마시

대의 유적으로 가득한 타라고나 유적지로 여행을 떠났다. 타라고나 유적지는 스페인의 건축역사가 그대로 녹아있어 '살아있는 역사책'이라고 할 만큼 풍부한 유적들이 넘쳐나는 곳이었고, 그 여행은 훗날 가우디의 작품세계에 중요한 밑거름이 되었다.

강렬한 지중해의 햇살 때문이었을까? 어린 가우디의 눈을 사로잡은 것은 모자이크로 장식되었던 성당의 벽과 천장에 있었던 색색의 유리 파편들이었다. 이슬람교도들에 의해 스페인으로 전해졌을 이 '빛의 미학'이 이후 가우디의 작품을 지배한 하나의 주제가 되었다는 것은 결코 우연이 아니었다. 가우디는 유적 속에 남겨진 빛바랜 돌 한 조각, 색유리 파편 하나를 통해서 진정한 미학적 가치를 느꼈다. 그러면서 '완전하지 못한 것'과 '낡은 것', 그리고 '작은 것'이 가진 무한한 가능성에 대하여 많은 생각을 했으리라. 재료가 가진 아름다움과 그 안에 내재된 힘을 캐내려는 가우디의 열정적인 노력은 이후에도 계속되었고, 불완전한 파편들은 그의 작품을 통하여 완전한 아름다움으로 승화되었다.

가우디가 건축유적에서 얻은 것은 그것뿐만이 아니었다. 가우디는 교회 건축이 신앙의 상징적 표현이며, 돌은 지역의 특성과 신앙의 깊이를 함께 구현할 수 있는 재료라는 점에 주목했다. 건축이 내포하는 감성적인 잠재력이 얼마나 무한한 힘을 가진 것인지 깨닫게 된 것이다. 그리고 가우디는 다음과 같이 중얼거렸다.

건축물은 말없이 군림한다.

레나센샤 운동

가우디는 언제나 카탈루냐인임을 자랑스러워 했으며, 건축물을 통해 카탈루냐의 정신을 표현하려고 노력했다. 따라서 가우디 예술의 커다란 원동력 중 하나였던 카탈루냐 정신을 알게 된다면 '어떤 양식으로도 분류하기 힘든 가우디의 건축'을 형성하는 중요한 하나의 뿌리를 찾을 수 있을 것이다. 가우디가 표현하려고 한 카탈루냐 정신은 무엇이었으며, 가우디에게 카탈루냐는 왜 그토록 중요한 것이었을까?

역사적으로 스페인은 크게 바스케(Vasque), 카탈루냐(Catalonia), 카스티야(Castile), 갈리시아(Galicia) 등 네 지방으로 나뉘어져 있으며, 이들은 각각 지역적인 독립성을 유지하고 있다. 그 중에서도 지역성이 가장 강한 두 곳, 즉 카탈루냐 지방과 카스티야 지방이 가졌던 갈등은 온 스페인을 뒤흔들 만큼 심각한 것이었다. 지중해의 항구도시인 바르셀로나를 중심으로 공업에 종사하는 하층민들이 주로 거주하던 카탈루냐 지방과 수도 마드리드를 중심으로 지주귀족들이 주로 거주하던 카스티야 지방은 그 신분의 차이나 지리적 차이, 그리고 사회 지지기반의 차이만큼 추구하는 정책도 달라 빈번한 충돌을 빚곤 했다. 특히 20세기 초에 카스티야 지방이 정권을 등에 업고 국가정책의 주도권을 행사하면서 두 지방의 감정의 골은 더욱더 깊어졌다. 두 지역 간의 관계가 나빠질수록 힘이 약한 카탈루냐는 늘 희생자여야 했고, 고유한 언어와 고유한 문화를 가진 카탈루냐 민족의 독립성은 점차 그 빛을 잃어가게 되었다. 정치상황은 해결될 기미를 보이지 않은 채 나날이 복잡해져만 갔고, 언제 터질지 모를 위기일발의 상황이 계속되었다. 언어와 문화를 빼앗긴다는 것은 전부를 빼앗기는 것과 마찬가지이다. 급기야 스페인 정부는 공식적인 카탈루냐어 교육을 금지하기에 이르렀고, 이제 카탈루냐는 민족의 독립성을 모두 포기해야 하는 상황을 맞고 있었다. 하지만 문화에 대한 자긍심이 강했던 카탈루냐인들은 가만히 앉아 당할 수 없었다. 자랑스러운 카탈루냐의 역사를 결코 여기서 끝낼 수는 없었기 때문이었다.

사라지는 카탈루냐의 언어와 문화를 되살리고자 하는 노력은 카탈루냐 문예부흥운동, 즉 레나센샤(Renaixenca)로 발전되었다. 박탈당한 카탈루냐의 문화와 옛 영광을 되찾자는 움직임으로 시작된 레나센샤 운동은 일부 지식인을 중심으로 시작되었지만 곧 예술의 전 분야로 퍼져나갔다. 건축도 예외는 아니어서 중세시대를 풍미했던 카탈루냐에 대한 향수를 주로 성당 건축을 통한 고딕복고양식(Gothic Revival)으로 표현하려 했다. 즉 레나센샤 운동은 카탈루냐 정체성의 부활을 위해 중세를 재조명하고 근대화를 이루려는 움직임으로 이어졌던 것이다.

레나센샤 운동을 통하여 되찾으려는 카탈루냐 고유의 정체성에는 가족애, 자연 풍경, 가정, 종교 같은 개념들이 포함되어 있으며, 그 중에서도 종교는 가장 핵심적인 위치를 차지하였다. 레나센샤 운동은 가우디에게 수공예 기술에 대한 존경심과 중세 예술의 정직성을 깨우치게 해주었다. 어린 시절부터 고향 카탈루냐가 가진 대자연과 건축유적에 새겨진 카탈루냐 정신에 남다른 애정을 가졌던 가우디가 레나센샤 운동으로부터 상당한 영향을 받았다는 것은 당연한 일이었다. 그렇기 때문에 카탈루냐의 문화와 종교적인 색채는 가우디의 작품 속에서도 쉽게 발견될 수 있다. 「성가족 성당」은 카탈루냐만의 독창성을 표현하고 있는 건축물로 유명한데, 가우디는 나무나 철골 같은 보강 없이 돌만으로 포물형의 볼트구조를 만들어 거대한 단일 공간을 창조하는 '카탈루냐식 볼트(Catalonia Vaul)'를 '포물아치'라는 독특한 구조체로 재탄생시켰던 것이다.

가우디는 급변하는 개혁의 소용돌이 속에서, 그리고 민족의 정체성을 찾아 몸부림치는 사회 분위기 속에서 뜨거운 가슴을 끌어안고 자신의 작품세계에 몰입했던 건축가였다. 가우디는 자신이 가진 능력과 시간을 부귀영화를 얻는 데 쓰지 않고, 오직 카탈루냐에 대한 자부심을 표현하는 데 바쳤다. 그만큼 그의 민족 카탈루냐는 그에게 절대적인 존재였다. 카탈루냐를 빛내고 세계를 주목시킬 건축가! 어쩌면 가우디는 태어나는 순간부터 그러한 운명을 짊어진 특별한 존재였는지 모른다.

대장장이의 아들

평면에서 공간으로

가우디에게는 장인의 피가 흐르고 있었다. 구리로 솥과 그릇 등을 만드는 구리 세공업은 가우디의 증조할아버지로부터 아버지에 이르기까지 세습된 직업이었다. 가우디의 어머니 또한 장인 집안의 딸이었으므로 가우디는 부모 모두에게서 장인의 피를 물려받은 셈이다. 아버지는 '솥 대장간의 음악소리'라는 이름을 가진 작업실에서 매일 같이 그릇을 만들었다. 일감은 떨어지지 않았지만 다섯 식구의 생활을 감당하기엔 항상 돈이 부족했고, 그래서 가우디의 집안은 늘 가난했다. 가우디는 어린 시절부터 줄곧 아버지의 대장간에서 일을 도와드리곤 했는데, 어린 가우디의 눈에는 무엇보다도 종이처럼 얇은 평평한 동판이 아버지의 손을 거치면서 오목한 그릇으로 변해가는 것이 마냥 신기하기만 했다. 가우디의 건축세계가 가지고 있는 3차원적인 공간감은 다름 아닌 아버지의 작업장에서 시작되었다. 훗날 가우디는 자신의 선조 모두 공간감을 타고난 사람들이었고, 자신 또한 그러한 능력을 이어받아 공간에 대한 인지능력이 남달랐다고 설명했다.

　　나의 공간인지능력이 남다른 이유는 내가 솥 전문 대장장이의 아들이자, 손자이자, 증손자이기 때문이다.……선조는 모두 공간감을 타고난 사람들이었다.

가우디는 아버지로부터 불을 다루는 방법, 구리를 제련하는 방법, 무쇠를 녹이는 방법 등을 배웠다. 아버지를 통해 예술적인 면을 배운 것은 아니었지만, 아버지가 손수 보여준 기술은 훗날 가우디의 상상력과 결합하여 새로운 예술적 조형체로 거듭나게 되었다. 대장간에는 그릇을 만들 때 쓰이는 동판 이외에도 여러 다양한 재료들로 가득 차 있었고, 가우디는 이런 여러 특성을 가진 재료들을 다룰 기회를 많이 가질 수 있었다. 이는 가우디가 어떠한 재료도 겁을 먹지 않고 사용할 줄 아는 건축가로 성장할 수 있는 발판을 제공했다. 그렇기에 가우디에게는 무엇이든지 예술가의 손길을 기다리고 있는 순수한 재료로 보였다. 가우디는 이후 깨진 타일 조각, 질그릇 조각, 거북이 등딱지, 윤나는 금 조각, 쓰다 버린 기계 조각 등 재료를 가리지 않고 사용하는 창조적인 건축가로 성장하게 되었던 것이다.

그러나 가우디는 자신이 장인의 아들이기 이전에 카탈루냐인이기 때문에 그러한 능력을 타고났다고 확신하였다. 가우디는 항상 카탈루냐의 우월한 창조성에 대해 말하곤 했는데, 자신의 조형성은 카탈루냐의 자연이 가진 풍부함과 지중해 바다가 주는 풍성하고도 예리한 햇빛 속에서 다져진 감각임을 상기시키곤 하였다.

카탈루냐인들은 조형성을 타고나서 사물을 전체적으로 인식하고 각 물체가 놓여야 할 적합한 자리를 안다. 지중해 바다와 햇빛이 이런 존엄한 자질을 키워주기 때문에 카탈루냐인들은 자연에서 가르침을 얻는다. 반면 카스티야인들은 이러한 균형 감각이 없다. 카탈루냐인과 비교해 보면, 그리스 신화의 키클로프스처럼 카스티야인들은 사물의 존재는 인식하지만 각 사물의 적당한 배치는 알지 못한다. 그들이 바라보는 형상은 진짜가 아니고 허상일 뿐이다.

「카사 밀라」는 가우디의 공간 조형적 감각을 잘 엿볼 수 있는 작품인데, 이 건물을 공사할 당시에 있었던 일화를 통해 가우디가 가진 독특한 조형능력을 엿볼 수 있다. 가우디는 구체적인 설계도 없이도 건축물의 전체는 물론 디테일한 부분까지 작업할 수 있었던 건축가로 유명했다. 하루는 이를 못마땅하게 본 어느 건축가가 어떻게 설계도를 완성하지 않은 채 작업을 시작할 수 있느냐고 묻자 가우디는 주머니 속에 있던 구겨진 종이를 꺼내 보여주고는 "이것이 「카사 밀라」의 설계도입니다. 좋은 하루 되시고, 이제 그만 가보시죠(Bon dia I ad éu!)"라고 자신 있게 말해 모두를 당황스럽게 했다고 한다.

가우디 학교에 가다

가우디는 풍부한 볼거리와 실험적인 경험 속에서 자신만의 세계를 조금씩 구축해가고 있었다. 하지만, 가우디가 대장간에서 시간을 많이 보내면 보낼수록 아버지는 불안해졌다. 당시 유럽은 새로이 선보인 '기계'의 힘에 미래의 희망을 걸고 있었기에 가우디의 아버지는 얼마 지나지 않아 수공업은 도태될 것이라 믿었고, 그런 환경 속에 가우디의 인생이 묻혀질 것이 못내 아쉬웠던 것이다. 아버지는 가우디가 가업을 잇기보다는 학교에서 교육을 받기 원했다. 비록 하루하루 살아가기도 힘든 형편이었지만 아버지의 결심은 확고했으므로 가우디는 그의 형 프란시스코(Francesco)를 따라 학교에 다니게 되었다.

어린 시절 많은 병치레를 했던 가우디는 또래 친구들에 비해 늙어보였으며, 말이 없고 모든 사물과 현상을 진지하게 관찰하는 학생이었다. 워낙 소극적인데다가 학교 수업에도 별로 관심이 없던 가우디는 설상가상으로 고질병처럼 따라다녔던 류머티즘, 관절염 등의 질병들로 인해 학업에 전념할 수 없었다. 학교에 자주 갈 수 없는 가우디를 보는 아버지의 마음은 불안하고 속상했지만, 가우디 본인에게는 오히려 즐거운 일이었다. 왜냐하면 가우디는 학교보다도 더 배울 것이 많은 레우스의 자연과 아버지의 대장간에서 자신만의 시간을 즐길 수 있었기 때문이었다.

이후 가톨릭계 고등학교에 입학한 가우디는 기하학과 수학에서 두각을 나타내기 시작했다. 하지만 기하학과 수학을 제외한 나머지 과목의 성적은 그리 좋지 않았다. 원리의 이해 없이 단순히 외우기만을 요구하는 과목들은 가우디에게 거의 고문으로 다가왔으며, 어떠한 흥미도 주질 못했다. 가우디는 아버지의 대장간에서 쌓은 경험을 바탕으로 재료나 형태를 직접 다루면서 그것의 표현적인 본질이 무엇인지를 이해하는 데 열중했다. 이러한 가우디의 성향은 학교 연극제에서 소품과 무대배경을 담당하였을 때에 두각을 나타냈는데, 이것은 가우디가 스스로 무엇을 하면 행복하고 무엇에 특별한 능력이 있는지를 알게 되는 소중한 계기가 되었다.

1869년 가우디는 부모의 곁을 떠나 바르셀로나의 건축학교로 향하게 된다. 이미 형 프란시스코가 바르셀로나에서 의학 공부를 하고 있었기 때문에 부모를 떠나는 가우디의 마음은 그리 불안하지 않았다. 오히려 이별의 아쉬움보다 앞으로 다가올 새로운 경험들이 더욱더 그를 긴장시켰다. '상상의 어머나'인 자연의 품을 떠난 가우디 앞에 이제 도시가 기다리고 있었다. 카탈루냐 제일의 도시 바르셀로나는 중세의 흔적이 많은 보수주의적 문화를 간직한 도시인 동시에 일찍이 산업혁명을 받아들여 새로운 세계를 갈망하는 문화가 공존하는 도시였다. 처음 경험하는 가우디의 도시생활은 결코 만만치 않았다. 물밀듯이 밀려드는 사람들 때문에 도시는 늘 불결하고 비좁았으며 시끄러웠다. 하지만 가우디에게 이 복잡하고 삭막한 도시는 서서히 새로운 의미로 다가왔고, 바르셀로나에 차차 적응해 나갈 즈음 가우디는 고향에서 경험할 수 없었던 또 다른 세계로 빠져들어 갔다. 차비를 아끼기 위해 바르셀로나의 거리를 거니는 것은 가우디 생활의 일부였었는데, 타르타고와 로마, 그리고 이슬람 문화의 영향을 받아 형성된 다채로운 건축문화는 가우디의 마음을 빼앗아가기에 충분했다. 가우디의 심장은 마구 뛰기 시작했다. 가우디에게 있어 바르셀로나는 새로운 인생을 살아가기에 충분히 매력적인 도시였으며, 많은 자극과 동기를 부여해주는 곳이었다.

정식으로 건축학교에 들어가기 전 가우디는 하나의 과정을 통과해야 했다. 그것은 건축학교의 예비과정이었는데, 이때 가우디는 비교적 실력 있는 학생으로 인정받았다. 아마도 어린 시절 아버지의 작업장에서 익힌 기술과 공간감, 그리고 고고학적 관찰을 통해 얻은 예술적 감각이 빛을 발하는 순간이었으리라. 자기가 가진 신념과 주장이 강한 가우디에게는 좋아하는 과목과 싫어하는 과목이 철저하게 달랐는데, 그에게

25

추상적이거나 구체적이지 못한 것은 어떠한 의미도 제공하지 못했으며, 오직 실질적이고 구체적인 것만이 관심을 끌었다.

추상적인 것은 가우디를 피곤하게 만들었다. 그에겐 도저히 견디기 어려운 것이었다. 분석기하학은 물질의 기하학적 가소성을 수학적 공식으로 바꾸는, 말하자면 '추상을 다시 추상화하는' 학문으로, 거의 고문과 같았다. 가우디는 교수가 이론적인 '공식'을 장황하게 설명할 때는 졸다가, 구체적인 주제를 다룰 때는 눈을 반짝이며 경청하였다고 한다.

나만의 생각, 나만의 건축

1874년 10월 24일, 22세가 된 가우디는 건축학교 예비과정을 모두 통과하고 정식으로 건축학교(Escola Superior D'arquitectura)에 입학하게 된다. 그곳은 바르셀로나의 유명한 건축가들을 배출한 명문 건축학교였다. 교수들은 젊고 열정적이었지만, 당시의 시대적 상황이 그러하듯 대부분의 교육은 고전주의 건축을 그대로 모방하는 수준에서 벗어나지 못했다. 그러한 단순하고 진부한 교육에 환멸을 느낀 가우디는 여러 교수들과 마찰을 빚게 되었다. 세간의 가우디에 대한 대립되는 평가는 이때부터 생긴 것이다. 가우디의 열정과 창의성을 인정하는 교수도 있었지만 대부분은 그의 튀는 행동을 맘에 들어 하지 않았다. 가우디는 학교에서 배우는 실용적이고 이론적인 지식 — 예를

들어 건축구조학, 재료학, 투시도, 역학, 지형학 – 만으로는 풍부하고 깊은 건축의 미학적 영역을 이해하는 데 한계가 있다고 생각했다. 그는 건축을 한다는 것은 단순히 구조법을 알고 설계도를 그리는 것뿐만이 아니라 자신만의 철학을 담아내는 특별한 작업이라고 생각했던 것이다. 이러한 생각을 가졌던 가우디는 자신의 학교에서 마음에 드는 강의를 찾을 수 없으면 다른 학교라도 마다하지 않고 찾아가 철학과 미학강의를 듣는 열의를 보였다.

어떤 학생보다도 열정적이었던 가우디의 태도는 그의 작업 또한 특별하게 만들었다. 다른 건축가의 작품이나 다른 나라의 건축물을 참고로 설계하는 동료학생들의 작업을 가우디는 이해할 수 없었다. 그의 설계작업은 대지를 방문하여 직접 눈으로 보고 느낀 후에야 비로소 시작되었다. 교수의 입맛에 맞추어 고전주의 건축을 모방해 내는 다른 학생들의 작업에 비해서 가우디의 작업은 항상 많은 시간을 필요로 했고, 따라서 가우디는 늘 시간에 쫓기듯 과제를 제출해야 했다. 더욱이 장인들의 작업장에서 일하며 생활비를 벌어야 했던 가우디에게는 하루가 48시간이라 해도 모자랄 지경이었다. 하지만 가우디에게 '대충'이란 단어는 용납되지 않았다.

어느덧 이러한 바쁜 학교생활을 마감하는 졸업이 다가왔다. 한번은 건축학교 교장 로젠이 자신의 과목인 병원설계를 수강하는 학생들 모두를 집으로 초청하여 그 자리에서 졸업합격을 알렸는데, 불행하게도 가우디의 이름은 불려지지 않았다. 예

가우디의 졸업 작품
- 대학 강당 설계.

전에 자신의 강당 설계를 조목조목 따지고 들었던 가우디가
건방지다고 생각했던 로젠은 혼자만 독특한 설계를 낸 그를
탈락시켰던 것이다. 한 교수의 중재로 가우디는 분수대 설계
를 다시 제출하였고- 물론 그것 또한 독창적인 것이었지만-
투표를 통해 간신히 졸업장을 받을 수 있었다. 졸업식장에서
로젠은 "제군들, 내가 오늘 이 졸업장을 천재에게 주는 것인지
아니면 바보에게 주는 것인지 모르겠네"라고 비꼬았으나, 가
우디는 이에 지지 않고 "이제 내가 진짜 건축가라는 걸 보여
줄 때가 온 것 같습니다"라며 로젠의 말을 일축시켰다. 이 유
명한 일화는 앞으로 펼쳐질 가우디만의 독자적인 건축세계를
짐작하게 한다.

가우디의 디자인 능력은 실제적인 작업을 통해서뿐만 아니
라 다양한 분야의 책을 통해서도 다져지고 있었다. 가우디에
게 있어 책이란 시간과 장소의 제약 없이 쉽게 여행할 수 있

는 멋진 세계였다. 하지만 문제는 돈이 없는 가난한 가우디에게 책은 너무나도 비싸다는 것이었다. 가우디는 수많은 책들이 쌓여있는 학교 도서관에서 많은 시간을 보내거나 때론 친구에게 빌려 지식의 갈증을 달랬다. 일단 책을 보기 시작하면 가우디는 그 속에 깊이 빠져 들어가 빌린 책이라는 것도 잊고 온갖 메모를 하고 밑줄을 쳐댔으며, 필요한 부분은 과감하게 찢어 호주머니 속에 넣고 틈틈이 읽었다. 그는 당시 가장 영향력 있던 건축가 중 한 명인 비올레 르 뒥(Viollet-le Duc)의 저서를 매우 좋아하였는데, 한번은 친구가 빌려 준 『프랑스 건축주제 사전』에 잔뜩 메모를 해서 돌려주었다가 친구가 무척 화를 냈다는 일화가 전해지기도 한다.

무엇보다도 학교 도서관이야말로 가난한 가우디가 부담 없이 공부할 수 있는 곳이었다. 생전 가보지 못한 인도와 이집트, 그리고 세계각지의 건축물 사진은 가우디를 흥분시켰다. 그 중에서도 가우디는 이슬람 건축의 이국적 장식의 아름다움에 크게 매료되었다. 모로코(Morocco) 멜리야(Melilla)에 건축된 요새에서 보이는 달걀 모양의 길쭉한 아치는 분명 훗날 가우디의 독특한 기하포물선에 영향을 주었을 것이다. 가우디가 특히 눈여겨보았던 것은 화려한 건축보다는 그 지역의 풍토와 자연에 어울리는 토속적인 건축이었다. 가우디는 생각했다. 진정한 건축물은 그 지역에서 생산되는 재료로, 그 지역의 풍토와 자연에 어울리게 지어야 한다고. 그것이 건축물이 가져야 할 기본 조건이라고.

공간조형의 씨앗

가우디의 학창 시절은 가난한 생활의 연속이었다. 얼마 되지 않는 아버지의 수입으로 두 아들을 외지에서 공부시킨다는 것은 쉽지 않은 일이었다. 가우디는 생활비까지 아버지에게 받을 수는 없었으므로 틈틈이 여러 장인들의 작업장에서 일을 했다. 장인(匠人) 호세 폰트세레 메스트레스와 건축가 프란시스코 데 파울라 델 빌랴르 이로사노 밑에서 제도공으로, 19세기 절충주의 양식의 대가로 바르셀로나에서 유명한 에밀리오 사라 코르테스에게는 조수로 일을 도우며 건축과 장식공예에 관한 감각을 익혀나갔다. 대장장이 아버지의 작업장에서 재료를 다루는 방법과 평면을 공간화시키는 법을 터득한 가우디에게 이러한 작업들은 무엇과도 바꿀 수 없는 중요한 경험이 되었다. 학교 공부에 아르바이트까지 가우디는 몸이 열 개라도 모자랄 정도로 바쁜 나날을 보냈다. 하지만 장인의 작업실에서 배우는 일은 건축뿐만 아니라 여러 장식기법에 대한 실제적인 경험을 쌓게 해주었으므로 가우디는 그저 행복하기만 했다. 비록 생활비를 벌 목적으로 시작한 일이었지만, 건축가로서 자부심을 느낄 수 있는 순간들이었던 것이다.

가우디가 여러 작업장을 돌아다니며 했던 실습들을 보면 과연 가우디가 중요하게 여겼던 것이 무엇인지 짐작할 수 있다. 그에게 있어 금전적인 것은 부차적인 문제였다. 가우디는 바쁜 와중에서도 틈이 날 때마다 주철, 목공 그리고 유리공예

전문가로서 이름이 알려진 에두아르도 푼티(Eduardo Fundi)의 작업장에 들러 그의 예술적 기법을 전수받으려 했다. 이 작업장은 훗날 가우디의 영원한 친구가 된 구엘(Güell)을 만난 곳이기도 하다.

늘 피곤한 생활이었지만 가우디는 언젠가 자신이 설계한 건축물을 만들 수 있을 것이라는 희망을 잃지 않았고, 형 프란시스코는 그런 그에게 늘 커다란 힘이 되어 주었다. 하지만 이러한 아름다운 형제애를 시기했을까? 1876년 형 프란시스코는 스물다섯이라는 젊은 나이로 세상을 등졌고, 가우디는 바르셀로나에 홀로 남겨졌다. "이젠 누가 내 곁에서 힘을 북돋아 줄 수 있을까?"라며 형의 죽음을 슬퍼하던 가우디에게 또 다른 비통한 소식이 전해졌다. 어머니의 죽음이었다. 가우디에게 가장 힘이 되어주었던 이 두 사람의 죽음은 가우디의 삶 속에 가장 큰 시련이었을 것이다.

이겨내기 위해서는 미친 듯이 일해야 한다.

일에 몰두하는 것만이 사랑하는 두 사람의 죽음을 잊는 길이었다. 가우디는 작업장과 학교, 그리고 집을 오가며 프로젝트에 몰두했으며, 이러한 시련을 통해 가우디는 더욱 강해졌다. 이렇게 열정적으로 익혀나간 가우디의 예술적인 독창성과 대담함은 1878년 파리 만국박람회 제품전시를 위한 진열대 설계에서 그 진가를 발휘하게 된다. 목공, 유리, 금속공예, 조각 등이 잘 조화된 이 작품은 이제까지 가우디가 갈고닦아온 모든 예술적 능력들이 유감없이 반영된 것으로, 앞으로 펼쳐질 가우디의 건축 인생의 서막을 알리는 것이었다. 1880년에 이르러 그가 수행했던 여러 프로젝트들은 카탈루냐의 문예부흥을 주도할 만한 성과물로 평가받게 되었으며, 마침내 가우디는 창조적이고 역사적인 건축가로 조금씩 그 이름을 떨치기 시작했다.

가우디가 태어나고 활동했던 시기와 그가 자라온 환경에 대한 이야기를 마무리하기 전에 우리는 가우디가 만났던 인물에 대해 관심을 둘 필요가 있다. 그들은 가우디가 직접 혹은 간접적으로 만난 사람들로, 어쩌면 그의 건축세계가 실현될 수 있도록 만든 장본인일지도 모른다. 가우디의 건축작품은 결코 스스로의 힘만으로 완성된 것이 아닌 여러 인연이 빚어낸 결과물이라고 할 수 있기 때문이다.

운명적 만남

운명적 만남

건축학교에 다니던 시절, 가우디는 책을 통해 세계의 여러 건축문화를 경험할 수 있었다. 어릴 적부터 아마추어 고고학자였던 가우디는 건축역사에 대한 지적 욕구를 주체하지 못했고, 거의 매일 학교 도서관에서 세계의 건축문화에 관한 자료를 탐독했다. 이런 과정 속에서 가우디는 당시 고딕복고주의 건축가로 대표되는 세 사람, 즉 퓨긴(Pugin)과 러스킨(Ruskin), 그리고 비올레 르 뒥(Viollet-le Duc)을 만나게 된다. 이 세 사람은 '고딕양식'이라는 동일한 지향점을 갖고 있었지만, 바라보는 시각은 각각 달랐다. 퓨긴과 러스킨이 고딕의 장인정신이나 도덕적인 삶, 중세예술의 양식적 아름다움을 계승하려는 건축가였다면, 비올레는 고딕건축이 갖는 본질적인 측면을 보고자 했던 사람으로, 보다 진보적인 건축가라고 할 수 있을 것이다. 비올레는 고전건축의 공간구성을 고집하는 에꼴 데 보자르(Ecole des Beaux-Arts) 건축학교에서 교수직을 맡기도 했는데, 그의 급진적인 교수법으로 인해 학생들과 동료교수들로부터 많은 반발을 사기도 했다. 하지만 새로움을 추구하고자 했던 가우디에게 있어 비올레는 오아시스와 같이 신선한 존재였다.

혹시 표현할 수 있는 형태와 구성을 모조리 다 써버린 걸까요? 아닙니다. 여러분. 생각과 감정을 표현할 수 있는 새로운 형태의 모색은 여전히 가능합니다. 그러나 이런 창조력을 발휘하려면 먼저 창조적 힘이 어떤 것이며, 어디에 사용해야 하고, 어떻게 살아있게 만들 것이냐에 대한 내부적인 성찰이 있어야 합니다. 창조력은 조상들의 작품을 정확히 이해하는 가운데 키워질 수 있습니다. 조상들의 작품을 아는 것이 맹목적인 모방을 의미하지 않습니다. 오히려 우리 자신을 발견하고, 조상들이 남긴 비밀스런 기술을 이용할 수 있음을 의미합니다. 결과적으로 이를 서로 혼합하여 발전시킨다면, 끊임없이 새로운 것이 나올 수 있을 것입니다.

비올레는 새로운 건축을 창조하기 위해 건축가는 과거의 건축을 모방하는 것이 아니라, 그것을 분석하여 원리를 알아내야 한다고 주장했던 것이다. 가우디가 비올레를 좋아한 이

유는 바로 이러한 이성적인 논리 때문이었다.

비올레는 어떻게 하면 낡은 건물이 가진 불안한 구조에 새로운 생명을 불어넣을 수 있을까에 열중하였다. 그는 고딕건축이 가진 중요한 구조체인 '플라잉 버트레스(Flying Buttress, 버팀도리)'에 대해 이런 의문을 가졌다. "이 버팀목이 과연 필요한 것인가. 혹시 하중에 대한 이해 부족으로 생긴 것은 아닐까?" 이렇게 비올레는 건축구조 각각이 가지는 역할을 분석적인 시각으로 바라보았다. 이러한 영향으로 가우디는 건물을 실험해야 하는 하나의 대상으로 바라보게 되었고, 건축구조에 대한 독특한 실험을 통해 플라잉 버트레스가 필요 없는 고딕성당을 창조할 수 있었다. 그것이 바로 「성가족 성당」이다. 가우디는 고딕건축의 옹호자였음에도 불구하고 고딕건축이 갖고 있는 커다란 단점, 즉 내부의 공간성을 살리기 위해 보조구조물을 외부로부터 끌어옴으로써 외형을 희생시킨 점을 수정하려 하였다. 그는 공간성을 살리면서도 구조적 문제가 자체적으로 해결될 수 있는 달걀 모양의 포물선 구조를 가진 새로운 고딕성당을 만들었으며, 이러한 점에서 가우디는 구조적인 혁신을 추구한 창의적 건축가로 평가되고 있는 것이다.

학문이 원리를 학습하는 것이라면, 예술은 과거의 작품인 실례를 통해 체득된다. 박제화된 카탈로그를 교묘하게 완성시켜 비올레와 같은 이론가를 통해 어떠한 학문적인 기초를 두려 하는가? 나는 건축양식의 조형과 미학의 재건에 착수하려고 한다. 고대의 건축구조와 고딕양식에서 보이는 결점을 지적하고 새로운 구성 감각의 독특한 건축을 시도하고자 한다. 이렇게 현대적인 감각을 살리고 서로의 개성적인 자유와 특징을 적절히 이용할 수 있는 방법을 찾고자 한다.

19세기 고딕부활주의 건축가들은 대체로 고딕건축의 의장적인 측면이나 역학적인 측면 중 어느 한쪽으로 치우치려는 경향을 보이는데, 가우디는 어느 한 쪽이 아닌 고딕건축의 총체적인 면을 표현하려 했던 건축가라고 말할 수 있겠다. 만약 카탈루냐 문화의 역사를 지속시키려는 가우디의 의지가 장식적인 고딕건축의 특성으로 표현되었다면, 합리적인 고딕건축의 구조에 대한 관심은 당연히 비올레의 영향에서 비롯되었다고 말할 수 있을 것이다. 비올레 르 뒥은 건축에서 구조체계가 장식보다 중요하게 여겨져야 한다고 강력하게 주장했지만, 가우디는 장식적인 면도 구조체계 못지않게 중요한 요소라고 생각했다. 하지만 가우디가 말하는 장식이란 구조체를 가리기 위해 의미 없이 덧붙여지는 것이 아닌, 구조체와 하나로 통합된 유기체적 장식을 의미했다.

형상의 가장 명확한 표현은 골격에 의해 주어지는 것이며 그 이외의 것은 이를 포장하기 위한 디테일에 불과하다.

그래서 가우디의 건축은 마치 아름다운 껍질로 덮인 생명체와 같이 여겨진다. 「성가족 성당」과 「콜로니아 구엘 성당 Cripta Colonia Güell」의 지하실에서 볼 수 있는 구조체들은 유기적이고 역동적인 인간신체의 골격을 보는 듯하다. 구엘 성지 건축 모형을 본 러스킨은 "인간이 몸과 영혼의 결합처럼, 기술적 요소와 상상적 요소의 보다 본질적인 결합이 필요하다"라고 말하였고, 비올레 르 뒥 또한 가우디의 개념을 다음과 같이 옹호했다.

건축물의 각 부분은 존재 이유가 있어 각 형태마다 그에 대응하는 기능을 갖는다. 아름다운 나무 한 그루를 볼 때, 땅에 지탱하는 뿌리로부터 공기와 빛을 따라 뻗은 마지막 가지까지 모든 부분이 멋진 유기체를 창조하고 유지하는 요소인 것과 마찬가지다.

가우디와 비올레가 가진 또 다른 공통점은 다른 문화의 예술을 폭넓게 이해하고 건축가의 위상을 장인의 고귀한 직업으로 여겼다는 데 있을 것이다. 그들은 건축가를 단순한 기술자가 아닌 장인으로 여겼다. 그렇기에 그들에게 있어 가장 행복한 순간은 혼자 있을 때이거나 제자들이나 충실한 직공들과 함께 있을 때였다.

친구이며 후원자인 구엘

1878년 가우디는 바르셀로나 산 하이메 광장 근처 건물 4층에 개인 사무실을 열고 건축세계를 향해 힘찬 날갯짓을 시작했다. 가우디는 작은 소품에서 가구에 이르기까지 자신의 독특한 예술 혼을 담아낼 수 있는 것이면 무엇이든 상관하지 않았다. 가우디의 작업은 결코 건축에 국한되지 않았으며, 디자인 형식 또한 하나의 언어로는 말할 수 없을 정도로 다양하게 진행되었다.

가우디는 개인 명함과 자신이 사용할 작업용 책상을 직접 디자인했는데, 명함이 당시 유행하던 아르누보 스타일의 감각적인 취향을 가졌다면, 책상은 타라고나 평원에서 서식하는 곤충과 새들을 사실적으로 기록한 조각품과 유사했다. 장식

속의 뱀, 덫에 걸린 새, 다람쥐, 도마뱀, 나비, 덩굴손과 월계수 가지 등은 가우디의 세심한 손길을 통해 금속 생명체로 다시 태어났다. 이 책상은 가우디에게 있어 매우 중요한 의미를 가진다. 가난한 대장장이의 아들이 스페인, 아니 전 세계적으로 이름을 날릴 수 있는 기회가 그 책상을 통해 다가오고 있었기 때문이다. 그가 얻은 최대의 기회, 즉 영원한 친구이자 후원자인 구엘과의 만남은 이렇게 시작되었다. 1878년 파리에서 개최된 세계 박람회에서 가우디가 설계한 곤잘로 코메야(Gonzalo Comella)의 장갑 진열대를 보고 강한 인상을 받았던 구엘은 우연히 들른 에두아르도 푼티의 작업장에서 가우디의 책상을 본 후 그에 대한 탁월한 능력을 확신하게 된다. 이 후 구엘은 성당에 어울리는 가구의 디자인을 돈 많은 후작 등에게 주선해주는 등 여러 방면으로 가우디의 작품을 알리는 데 많은 도움을 주었고, 둘 사이의 진한 우정도 시작되었다.

에우세비 구엘 바시갈루피(Eusebi Güell Bacigalupi)는 가우디보다 여섯 살 연상의 벽돌 제조업자로서 남작의 작위까지 받은 성공한 사업가였다. 푼티의 작업실에서 이루어진 갑부 구엘과 예술가 가우디의 각별한 관계는 1918년 구엘이 죽기까지 40년 동안 계속되었다. 구엘과 가우디의 관계는 고객과 건축가 혹은 후원자와 예술가의 관계 그 이상으로, 어쩌면 예술에 대한 공통된 사명감으로 맺어진 절친한 친구 사이라고 말하는 것이 옳을지도 모른다. 르네상스시대 메디치(Medici) 같은 재력가 집안에 의해 피렌체의 예술가들이 마음껏 자신의 능력을 발휘했던 것처럼 예술적 안목과 재능을 겸비한 재력가 구엘은 자신의 열정을 가우디를 통해 불태웠던 것이다.

1883년 구엘 가문의 건축가로 임명된 가우디는 구엘과 그의 집안을 위해 35년간 일을 하였다고 알려져 있다. 가우디는 「구엘 궁전 Palacio Güell」과 「콜로니아 구엘 성당의 납골당 Cripta Colonia Güell」「구엘 공원 Park Güell」「가라프의 구엘 포도주 저장고 Bodegas Güell」 등 구엘 가문에 속한 모든 건축에 참여했다. 1910년 파리의 그랑팔레(Grand Palais)에서 구엘이 자신의 비용으로 '가우디 전시회'를 개최할 만큼 그에 대한 믿음은 대단한 것이었으며, 가우디의 완벽한 후원자로서 변치 않는 지지를 보내주었다. 오랜 친구는 서로 닮는다 했던가? 구엘은 점차 가우디의 사회주의적인 성향을 닮아갔다. 그래서 작업을 추진함에 있어 수익은 개의치 않고 가우디에게 필요한 모든 것을 제공했고, 「구엘 공원」을 건설할 당시에는 많은 사람이 구엘과 가우디를 공동작가라고 여길 정도가 되었다.

1918년 에우세비오 구엘은 절친한 친구 가우디와 함께 만들고, 또 살았던 「구엘 공원」에서 눈을 감았다. 평생의 동반자였던 가우디의 숨결이 느껴지는 곳에서 맞는 죽음이었기에 구엘은 결코 외롭지도 두렵지도 않았을 것이다. 가우디는 구엘을 '문예부흥시대의 왕자'라고 지칭하며 최대의 찬사를 보냈다.

구엘은 진정한 신사다. 돈을 가지고 있지만 티를 내지 않고 돈을 잘 다룰 줄 아는 사람이다. 구엘이야말로 진정한 세뇨르(senyor)이다.……진정한 귀족은 감각이 뛰어나며 예의가 바르고 중요한 위치에 있는 사람이다. 모든 분야에서 뛰어나기에 부러움을 모르며 아무에게도 방해받지 않는다. 그리고 주위의 사람들이 어떤 태도를 취하는지 찬찬히 관망한다. 바로 메디치 가문 사람들이 이렇지 않았는가?

이제 가우디의 작품세계를 형성했던 배경에 대한 이야기는 여기서 끝내야 할 것 같다. 가우디는 격동하는 세계의 분위기 속에서 카탈루냐의 정신을 이어받아 카탈루냐의 후예가 가진 감각과 방식을 표현하려 한 건축가였고, 그런 그에게 표현의 풍부함을 제공해 준 것은 다름 아닌 자연이었다. 과연 가우디의 건축작품 속에 내재된 '자연의 언어'는 무엇일까? 이제부터 귀 기울여 보도록 하자.

자연, 영감의 원천

자연적 형상

가우디 건축은 신과 그의 창조물인 자연에 대한 찬가라고 말할 수 있을 만큼 그의 작품에는 자연적 요소들로 가득 차 있다. 여기서 말하는 자연적인 요소들이란 단순히 식물이나 동물이 가진 사실적인 형상만을 말하는 것이 아니다. 자연이 인공물과 구별되는 본질적인 형상, 즉 부드러운 유기적 '곡선'으로 표현된 모든 것을 의미한다. 흔히 가우디 건축의 조형감각의 원천은 몬세라도(Montserrat) 산에서 찾아볼 수 있다고 하는데, 몬세라도는 바르셀로나 북서부에 있는 산으로 '톱니꼴의 산(Serrated mountain)'이라는 별명이 말해주듯 1,500여 개의 봉우리들이 잇닿아 있는 몹시 험난한 산이다. 몬세라도는 카

가우디의 영원한 참고서, 몬세라도 산.

탈루냐의 상징이며, 가우디의 눈에는 '태초의 생명적 근원'을 담고 있는 곳이었다. 당시 대부분의 예술가들이 새로운 예술적 세계를 찾아 몸부림쳤던 것처럼 가우디는 고향에서 새로운 조형언어를 발견해 나갔다. 가우디 건축의 독특함을 보고 "당신은 어떤 이론으로 작업을 하며 어떤 건축가를 답습합니까?"라고 물으면, 그는 창밖을 가리키며 "저의 스승은 저 자연입니다"라고 했다고 한다. 가우디에게 있어 자연은 마르지 않는 영원한 참고서였으며, 그의 건축은 자연을 통해 승화된 예술이라고 해도 과언이 아니다.

항상 열려 있으며 힘써 읽기에 적절한 책은 자연이다. 그 밖의 책은 지나친 해석과 음미로 인해 이러한 특성을 잃어버렸다. 세상에는 두 가지의 진리가 있다. 하나는 '도덕'과 '종교'이며, 또 다른 하나는 사실에 의해 우리를 인도하는 '자연'이라는 위대한 책이다.

자연을 바라보는 남다른 시각과 관찰력은 건강하지 못한 그의 신체 덕분이었는지도 모른다. 태어날 때부터 죽음의 문턱을 넘나들 정도로 약했던 가우디는 뛰어놀기보다는 조용히 앉아 사물의 형태나 움직임 등을 관찰하는 시간을 많이 가졌다. 가우디의 눈에 보이는 하늘, 구름, 물, 바위, 나무, 동물이나 산은 그에게 강한 생명력을 보여 주었고, 변하는 것이 얼마나 아름다운 것인지를 가르쳐주었다.

> 나는 꽃, 포도나무, 올리브 나무들로 둘러싸인 곳에서 닭 울음소리, 새들의 지저귐, 곤충들의 날갯소리를 들으며 프라데스 산을 바라본다. 그리고 나의 영원한 스승인 자연의 순수함을 통해 상쾌한 이미지를 얻는다.

당시 대부분의 건축가들이 딱딱한 직선을 설계의 기본으로 삼았던 것에 비해, 가우디의 작품에서는 직선을 찾기가 매우 어렵다. 그의 대표작 중 하나인 「카사 밀라」의 외벽 면은 부드러운 곡선으로 끝도 없이 이어져 있으며, 옥상에는 원시인들이 만들었을 법한 돌 조각들이 마치 땅속 깊은 곳에서 나온 듯한 모습으로 서 있다. 그것들은 마치 영혼을 가진 생명체인 듯하며, 카탈루냐의 성지 몬세라도 산을 옮겨놓은 것처럼 보이기도 한다. 작품의 소재가 될 만한 자연은 가우디의 기억 속에 넘쳐났다. 풍우에 침식된 기괴한 바위들, 뾰족뾰족한 산봉우리와 지중해의 태양 아래 붉게 출렁이는 파도 등. 하지만 「카

사 밀라」가 어떤 자연의 형상을 닮았다는 것보다 더욱 중요한
것은 건물 전체에서 생명의 역동성이 느껴진다는 것이다. 멈
추지 않는 곡선은 마치 계곡의 물이 건물 전체를 감싸 흐르듯
우리의 모든 감각을 지배한다.

가우디는 디자인 문제에 직면할 때마다 항상 그것이 갖는
'기원'에 근거하여 매듭을 풀어내곤 했다. "독창성이란 기원으
로 돌아가는 것이다"는 말에서도 알 수 있듯이 가우디는 기원
에 근거하는 디자인이 곧 독창성임을 역설하였다. 가우디는
돌이 가진 엄청난 힘을 감지했으며, '카탈루냐의 정신'과 '자연
의 근원'을 돌을 통해 표현하려 했다. 돌은 언제나 가우디가
원하는 형태를 만들어 주는 무궁한 가능성을 가진 재료였으
며, 가우디의 어머니 카탈루냐의 대지와 통하는 매개체이기도
했다. 민속학자 후안 아마데스 이 제라트가 말한 것처럼 카탈

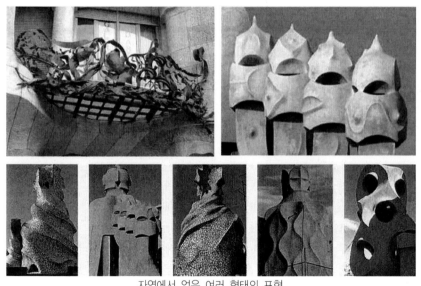

자연에서 얻은 여러 형태의 표현.

루냐인에게 있어 돌은 대단히 중요한 의미를 갖고 있으며, 가우디는 그러한 카탈루냐인 중 한 명이었다.

원시시대 사람들은 돌에 영혼이 있다고 믿었다. 원시인들은 돌을 한낱 재료로서가 아니라 돌이 지닌 선한 속성과 감정이입을 염두에 두었다.

가우디의 건축은 자연적인 형태를 표현하는 것 이외에도 건축과 자연이 어우러져 일체가 되도록 디자인되었다. 학창 시절부터 가우디의 설계는 다른 어떤 학생의 것과도 구별되는 것이었다. 일반적인 계획도면이라고 하면 하얀 종이 위에 자로 그려진 깔끔한 선들만이 나타나는 것이 보통인데 가우디의 설계도면은 거의 수채화 수준이었다고 한다. 이에 대한 비판에 가우디는 주변의 환경과 어울리지 않는 건축계획은 무의미하며, 따라서 계획도면에서부터 주변 자연이 포함되어야 한다고 주장했다고 한다. 계획도면에서부터 자연을 반영하려 했으니, 실제의 건축현장에서 자연환경을 항상 깊이 고려하였다는 것은 말할 필요도 없겠다. 우리는 「카사 엘 카프리초 Casa el Capriccio」에서 가우디가 자연 속에 건축물을 어떻게 조화시키려 했는지를 확인할 수 있다. 저택이 앉혀질 자리는 산의 경사면으로 많은 생각과 많은 노력이 뒤따라야 하는 작업이었다. 근대 건축가들이라면 어떻게 했을까? 아마도 산을 깎아 그 위에 군림하듯 반듯한 저택을 지었을 것이다. 하지만 가우디는 산을 깎아내는 대신 저택을 산의 일부처럼 산 위에 앉혔다. 마치 태초에 산이 생성될 때부터 같이 있었던 것처럼 저택을 산의 일부로 만든 것이다.

이에 덧붙여 가우디는 건축물이 지어질 곳에서 쉽게 구할 수 있는 건축재료를 사용함으로써 주변 자연과 어울리는 건축물을 만들었다.

「콜로니아 구엘 성지 교회」는 벽돌과 콘크리트, 그리고 흙과 유사한 색을 가진 돌을 사용해 조화로움을 추구하고자 했다. 중간 부분은 회색과 은색으로 채색하여 소나무 줄기가 건물을 감싸고 있는 듯이 보이도록 했다. 그리고 건물 상층부는 녹색, 자색, 청색의 유리재료를 사용하여 주변 나무와 푸른 하늘과의 조화를 이루고자 했다.

「콜로니아 구엘 성지 교회」를 계획할 당시 가우디는 '건축이란 자연의 형상을 가짐으로써 혹은 자연과 가까운 재료를 사용함으로써 자연과 일체화한다'는 생각을 가지고 있었으며, 이는 가우디의 건축작업의 기초가 되는 생각이기도 했다.

자연의 본질

그림은 색채, 조각은 형태로써 사람과 여타 유기체를 표현한다. 외면적인 것을 통해서 그 내면을 표현하는 것이다.

건축은 아직 존재하지 않는 유기체를 창조한다. 그래서 자연의 법칙과 조화의 법칙을 지녀야 한다. 이 법칙을 따르지 않는 건축가는 예술작품 대신에 졸작을 남기게 된다.

가우디의 건축이 어떠한 틀 속에서도 구속받지 않고 독특한 양식을 창조할 수 있었던 것은 분명 가우디의 상상 속에 '자연'이라는 무한한 원천이 존재했기 때문이다. 가우디는 고향마을의 조그마한 시골집과 타라고나에서 관찰할 수 있었던 자연의 아름다움을 통해 자연이 아름다움을 탄생시키는 기원임을 일찍부터 터득할 수 있었다.

가우디는 과연 자연의 아름다움이 무엇으로부터 나온 것이라고 생각했을까? 가우디는 자연이란 원래 '미'를 창조하는 것이 아니라 유용하고 기능적인 것을 만든다는 점을 이해했다. 즉 장미가 화려한 색깔과 아름다운 향기를 지니고 있는 것은 인간으로 하여금 아름다움을 느끼게 하기 위한 것이 아니라, 곤충을 끌어들여 번식을 늘리기 위한 것이라는 기능적인 측면을 바라본 것이다. 이러한 측면에서 본다면, 가우디가 그의 건물을 장식하기 위해 식물이나 꽃 혹은 동물의 모티프를 사용한 것은 대부분의 건축가들이 자연적인 형태를 인위적인 치장을 위해 사용한 것과는 근본적으로 다르다는 것을 이해할 수 있게 될 것이다.

창조는 인간을 통해 끊임없이 이루어졌다. 하지만, 인간은 창조하지 않는다. 단지 발견만을 할 뿐이다. 새로운 작품을 만들기 위해 자연의 법칙을 탐구하는 사람들은 창조주와 함께 제작에 임한다. 모방하는 사람들은 창조주와 함께하는 제작에 참여할 수 없다. 따라서 독창성이란 자연의 근원으로 돌아가는 것을 뜻한다. 자연은 끊임없이 말을 걸어오는 책과 같다.

가우디의 결론은 매우 명쾌하다. 고대 그리스 건축가들이 그랬듯이, 만약 건축가가 그의 작품에서 그 건물이 요구하는 기능에 충실하다면 자연히 그 건축물은 아름답게 될 것이지만, 건축물을 통해 아름다움만을 얻으려 한다면 그 건축물을 통해 얻을 수 있는 것은 미학적인 부분일 뿐이라는 것이다. 가우디는 자연이 가지고 있는 본성을 보았다. 그리고 그 본성 자

자연을 통해 찾은 구조체의 형상.

체가 아름다움의 근원임을 깨우쳤다. 가우디는 자연 속에 나무의 줄기나 인간의 뼈와 같은 감탄할 만한 구조적 형태가 무궁무진하게 존재한다는 사실을 깨달았으며, 어디에도 그보다 아름다운 형태는 없다는 사실도 알고 있었다. 어떠한 원형 돔 구조도 인간의 두개골 형태의 완벽성과 비교할 수 없으며, 어떠한 건물도 산처럼 견고하지는 못하고, 인간이 만든 어떠한 구조도 벌집처럼 경제적일 수 없다는 것을 가우디는 어느 누구보다도 잘 알고 있었다. 자연은 항상 기능적인 해결책을 추구했으며 그렇게 해서 얻는 것들은 모두 아름다운 것들이었다.

예술은 아름다움이고 아름다움은 진실의 광채이다. 진실이 없으면 예술은 있을 수 없다. 진실을 알기 위해서는 본질을 연구하지 않으면 안 된다. 아름다움은 생명이며 생명의 움직임으로 인간은 존재한다. 골격은 근육을 이용하여 우리 몸을 움직이는 지렛대이다. 예술적 표현은 골격에 해당한다. 그 밖의 것은 겉옷에 불과하다.

이러한 자연구조의 본질을 이해한 가우디는 이를 건축에 적용하려 했다. 그는 나무나 뼈, 근육이나 힘줄과 같은 자연구조를 참고로 나선, 쌍곡면, 원추나 쌍곡선의 포물선 등을 디자인한 후 독특한 방식의 실험을 통해 그 구조의 적용 가능성을 찾아냈던 것이다. 나선체는 유카리나무(Eucalyptus Jacksonii)의 줄기 모양으로 「테레사 수녀원 학교 Colegio Teresiano」의 기둥에 사용하였고, 쌍곡선의 포물선체는 손가락 사이의 힘줄 모양으로 「구엘 교회」의 납골당 현관지붕의 건축양식으로 사용했다. 또한 다음의 글을 통해서 「성가족 성당」에서 볼 수 있는 유기적 형태의 구조체가 가우디의 어떤 의도를 반영한 것인지를 알 수 있을 것이다.

별은 천체궤도를 따라 공전한다. 그리고 나선형을 이루며 자전한다. 「성가족 성당」의 기둥은 힘의 벡터에 따른다. 이 것은 안정성의 궤도이며 균형을 의미한다. 기둥의 형태는 별이 미끄러지듯 회전하는 것과 같은 방법으로 만들어진다. 이 회전운동 또한 나선형을 이룬다. 별은 돌고 돈다. 천체의 궤도는 선으로 둘러싸인 형태로 되어있다. 별의 모양을 한 기둥도 좌우 양 방향으로 회전하며 이중나선형으로 운동한다. 모든 양식이 종합된 「성가족 성당」의 기둥장식은 이 원 칙에 따라 적용되었다.

이렇게 가우디는 건축 구조체의 기능과 형태 모두를 자연에서 찾으려 노력한 건축가였다. 또한, 가우디는 그의 작품에서 아무리 작은 장식적 요소라 할지라도 그 형태를 반복하는 경우는 결코 없었는데, 이 또한 '자연이 창조한 모든 유기체는 같은 것이 하나도 없다'라는 기본 원칙을 따르고 있다는 것을 보여준다.

종합적 유기체

　가우디는 건축가란 분석력보다는 종합적 능력에 근거를 두고 디자인을 해야 한다고 믿었다. 이는 생명체의 모든 조직이 유기적인 관계 속에 존재하는 것처럼 건축도 마찬가지로 뼈대와 가죽, 그리고 장식에 이르기까지 모든 것이 유기적인 관계 속에서 만들어 져야 함을 의미하는 것이다. 가우디는 태양과 심오한 관계를 가지고 있는 카탈루냐의 지리적 요건이 조형성을 익히고 종합적인 사고를 키우는 데 많은 영향을 미쳤다고 주장하곤 했다.

　지중해 연안은 태양빛이 항상 45도 각도로 비추어 모든 물체가 굴절 없이 완벽하게 보이는데, 지중해 연안이 갖는 이러한 현상 때문에 지중해인들은 종합적인 면이 강하고 북유럽 사람들은 분석적인 면이 강하다고 판단했다. 어떤 점에 초점을 두느냐에 따라 논점은 달라질 수 있겠지만, 지중해 연안의 그리스 건축은 전체적인 통일성을 이루는 종합적인 예술체로서 지금까지도 우리에게 강한 건축적 모티프가 되고 있는 반면, 북유럽의 고딕 성당의 경우는 장식이나 구조체 자체에 대한 분석적인 성향이 강하여 종합적이지 못하다는 면에서 볼 때, 그의 말에 고개를 끄덕이게 된다.

　지중해(mediterráneo)는 땅(tierra)의 한가운데(medio)를 의미한다. 지중해변을 45도로 비추는 빛은 사물의 형체를 최

적의 상태로 보여준다. 이러한 넘치지도 모자라지도 않은 빛의 중용 덕택에 지중해에 가장 위대한 문화예술이 꽃피었다. 빛이 너무 많거나 또는 너무 적으면 눈을 멀게 하여 볼 수가 없게 된다. 지중해는 사물에 대한 구체적인 시각을 길러주기 때문에 진정한 예술이 자리 잡을 수 있었다. 조형능력은 감성과 이성 사이의 균형을 말한다. 북유럽 민족은 빛이 부족하여 신경이 예민하고 감정을 숨기며 환상을 만들어 낸다. 반면에 남쪽의 민족은 빛이 과잉되어 이성에 주의를 기울이지 않고 기괴한 괴물을 만들어 낸다. 빛이 부족하거나 또는 너무 눈부시면, 사람은 잘 보지 못하고 영혼이 추상적으로 흐른다. 지중해의 예술은 북유럽에 비해 항상 우월하다. 왜냐하면 지중해 사람들은 자연을 세심하게 관찰하기 때문이다. 북유럽 사람들은 예쁜 작품은 만들어 내지만, 대작은 만들지 못한다. 이것이 그들이 지중해에서 만들어진 작품을 사는 이유이다.

지중해 풍경과 땅을 통해 더욱더 강해진 가우디의 종합적 사고는 독립된 요소들이 모여 하나의 단위를 만들고, 그런 단위가 모여 전체를 이루는 유기적이고 총체적인 하나가 되게 하였다.

내가 그리스인의 기질을 갖게 된 것은 항상 지중해를 바라보면서 살았기 때문이다. 지중해는 내가 필요로 하는 풍경을 만들어 준다. 나는 종종 바다를 보러 간다. 나는 일요

일마다 방파제로 간다. 바다는 유일하게 3차원의 공간을 통
합시켜준다. 바다 표면에는 하늘의 모습이 투영되어 있다.
그 표면을 통해 나는 바다 속과 운동의 개념을 이해한다. 나
의 소망은 타라고나 해안에 있는 모든 것을 보는 것이다. 그
곳에서는 빛과 색이 서로 다른 색조를 띠고 있다. 나는 방파
제에서 그 광경을 바라보는 것만으로도 만족스럽다.

　이렇게 건축을 종합체로 보려는 가우디의 의지는 「콜로니
아 구엘 성당」의 설계도면을 통해서도 확인될 수 있다. 성당
을 건축하기 전 행했던 가우디의 구조실험은 가히 창조자의
행위라고밖에는 설명할 수 없을 것이다. 실험은 임시 작업장
천장에 4.5미터에 달하는 수곡선 모형을 매달아 놓는 것으로
시작한다. 다른 건축 모형과는 달리 가우디의 모형은 거미줄
에 매달린 박쥐처럼 머리 위에 매달려 있다. 대자연의 힘, 중
력을 통해 얻어지는 완벽한 자연의 형태를 얻기 위함이다. 먼

저 완전 원형으로 된 지붕에 작은 구멍을 잔뜩 뚫어 끈을 매달아 중력으로 인해 자연스럽게 늘어진 모양이 잡히면, 그때 아치형태를 만들기 시작한다. 아치의 정점에 끈을 더하면, 원래 아치는 더 팽팽하게 늘어진다. 꼭대기에 잡아맨 끈을 조절하여 종 모양을 만들다 보면 건물 모형이 차츰 탄력을 받아 결국 장력이 튼튼한 놀라운 구조가 만들어지는 것이다. 놀라운 것은 이렇게 해서 얻어진 건축의 구조는 아름다운 자연적인 형태를 가지고 있음과 동시에 너무나도 정확하고 견고하다는 사실이다. 이렇게 자연의 형태를 모방하지 않고 자연이 가진 법칙만으로도 총체적인 자연을 닮게 할 수 있는 가우디의 능력은 분명 그가 가진 종합적 사고 덕분이다.

가우디는 건축의 형태가 구조체의 명쾌한 표현이므로 건축은 점이나 선이 아닌 연속적인 형태로 나타나야 한다고 보았다. 이것이 의미하는 바는 자연세계는 종합적인 공간으로 형성되어 있기 때문에 형태를 선이나 면으로만 분석하는 인간의 지성적 한계를 넘어야 한다는 것이다.

현명한 사고는 과학보다 우수하다. 'sapĕre(맛을 보다, 음미하다)'라는 단어에서 유래한 '현명한 사고'는 종합적인데 반해 '과학'은 분석적이다. 분석에 의한 종합은 현명한 사고의 종합이 아니다. 그것은 하나의 분석적인 것일 뿐 전체는 아니다. 현명한 사고는 종합적이며 생명력이 있다.……종합은 공간이다. 그러나 인간의 지성은 오로지 평면만을 연구할 뿐이며, 분석적인 사람은 그저 점을 연구할 뿐이다. 과학은 분석인 동시에 종합이다. 분석 그 자체는 나쁜 것이 아니나 불완전하다.

결국 가우디는 균형에 대한 타고난 감각을 가지고 사물을 총체적인 시각으로 바라볼 수 있는 건축가였다. 우리가 가우디를 '장식적인 건축가'라고 부르는 것은 어쩌면 그의 작품의 겉모습만을 보고 판단한 잘못된 편견일지 모른다. 가우디가 어떠한 원칙을 가지고 어떠한 건축물을 창조하려 했는지를 이해한 후에 그의 작품을 본다면, 외적인 형태 안에 내포하고 있는 깊은 내면의 숭고함을 느낄 수 있을 것이다.

조각인가, 건축인가

장식으로 말하다 - decorative ornament

가우디만의 건축적 언어가 꽃을 피우기 전의 초기 건축물들을 보면 장식적인 성향이 강하게 나타나고 있음을 쉽게 확인할 수 있다. 장식은 대부분 자연을 표현한 것인데, 때로는 기하학적으로, 때로는 자연이 가진 그대로의 모습을 표현하기도 했다. 기하학적 장식은 매우 규칙적이고 반복적으로 표현되어 있어 마치 어떠한 수적 질서를 나타내고 있는 것처럼 보인다. 이렇게 자연적인 현상을 두 가지 장식적인 수법으로 표현해 낸 대표적인 건축물로는 「카사 비센스 Casa Vicens」(1883~1888)가 있다.

카사 비센스(Casa Vicens)

「카사 비센스」는 어떠한 양식에서도 영향을 받지 않은 순수한 가우디만의 조형적 감각이 드러난 작품이다. 그것은 벽돌, 돌, 잡석, 타일과 같은 강한 질감의 자연적 재료를 사용하여 새하얀 균질의 미를 부르짖던 당시 모더니즘 양식들 속에서 혁명적인 작품으로 주목을 끌었다. 초록색과 크림색 타일로 덮인 '색의 결정체' 「카사 비센스」의 건축주가 흥미롭게도 타일공장 사장이었다는 것을 생각할 때, 가우디가 얼마나 즐겁고 가벼운 마음으로 공사에 임했을지 짐작할 수 있겠다.

가우디가 「카사 비센스」의 건축 부지를 답사했을 때, 그곳엔 노란 아프리카 금잔화가 양탄자처럼 깔려있었고, 그 가운데 거대한 야자수가 있었다고 한다. 야자수의 잎이 하도 무성하여 그 안에 벌레를 잡으려는 새들로 가득했는데, 가우디는 바로 이 모티프를 디자인에 적용하려 했다. 가우디는 언제나 건축물이 들어설 대지와 그 주변 환경과 건축물이 완벽하게 조화될 수 있도록 디자인을 하였던 건축가였다. 건물을 세우기 위해 어쩔 수 없이 뽑아버린 꽃 한 송이, 나무 한 그루도 그냥 지나치지 않고 자신의 맘속에 담아두었다가 장식 속에서나마 이를 살려 오히려 실제보다 더 아름답게 표현시키곤 했을 정도이다. 「카사 비센스」의 외관은 전체적으로 기하학적인 패턴을 보이면서도 요소요소에 풍부한 동식물의 장식들이 덧붙어 있어 주변 자연환경과 어떠한 이질감도 없이 서로 어우러져 있다. 마치 신이 만든 자연 속에 인간이 만든 자연이 함께 녹아있는 것 같다고나 할까?
실내로 들어와도 자연적 모
티프는 여전히 전체를 치장
하는 중심 주제가 된다. 식
당에 들어서면 마치 한 편의
파노라마를 보는 듯 여기저
기에 꽃과 새들이 넘쳐난다.
석고로 만들어진 붉은 앵두
와 푸른 잎들이 대들보 사
이를 무성하게 수놓고 있으
며, 벽면 가득 조각된 덩굴

「카사 비센스」의 야자수 잎 모양의 철책.

손과 낙엽 주변으로는 한 떼의 해오라기와 학들이 비상하고
있다.

　이렇게 지나치다 싶을 정도로 온갖 장식들이 집안 구석구
석을 채우고 있으며, 특히 돌과 유리 조각으로 되어있는 모자
이크 바닥은 조명에 반사되어 반짝거리기까지 한다. 사람의
감성을 자극하는 장식을 추구하고 싶었던 가우디는 조명의 조
절을 통해 '빛나는 장식의 신비로움'을 선보였다. 실외의 경우
도 예외 없이 이러한 세심한 의도가 곳곳에서 묻어난다. 촘촘
히 박혀있는 매끄러운 외벽 타일은 아침부터 저녁까지 달라지
는 태양의 각도와 날씨에 따라 변화무쌍하게 반짝거리며, 설
교단 중앙에 있는 작은 분수대에서 뿜어져 나오는 물은 둥글
고 얇은 막을 만들어, 이를 통해 석양이 비치면 무지개 빛으로

색색의
타일로 덮인
「카사 비센스」.

반짝거려 그 아름다움을 뽐내고 있는 것이다.

　자연을 통해 다양한 색과 빛을 만들어 내는 이러한 장치는 가우디의 작품이라면 어디에서나 쉽게 발견할 수 있는 것으로 분명 가우디에게 있어 중요한 표현 수단이었음을 짐작할 수 있다. 오랜 세월 후에 가우디는 어느 일기에서 확신에 찬 어조로 "장식엔 색이 있어왔고, 있으며, 있어야 한다"라고 단언했는데, 이를 통해 그가 색과 빛을 얼마나 중요하게 생각했는지를 엿볼 수 있다.

　빛은 모든 장식의 기초이다. 빛에서는 분해된 여러 색채가 생성되기 때문이다. 빛은 모든 조형예술을 지배한다. 회화는 빛을 묘사할 뿐이며 건축과 조각은 무한한 색조와 변화를 즐기기 위해 빛에 여러 모티프를 조화시킨다.

복고주의가 만연한 때였음에도 불구하고 어떠한 양식도 사용하지 않고 독자적으로 근대건축과 당당히 맞서 만든 「카사 비센스」는 독창성에서 그 가치를 높이 평가받을 수 있을 것이다. 「카사 비센스」를 포함한 가우디의 초기작품에서 볼 수 있는 장식은 구조와는 상관없이 붙는 부가적인 것으로 흔히 아르누보식 장식이라고도 일컫는데, 「구엘 별장 Pabellones Finca Güell」(1884~1887)과 「구엘 공원」에 가서는 이러한 가우디만의 독특한 장식 스타일이 좀더 성숙하게 자리를 잡게 되는 것을 볼 수 있다.

구엘 별장(Pabellones Finca Güell)

후안 구엘 페레(Juan Güell Ferre)의 여름 별장은 1884년 아들 에우세비오 구엘(Eusebio Güell)이 가우디에게 확장공사를 부탁하면서 세간의 관심을 끌게 되었다. 이 건물은 특히 재료의 사용 면에서 대단히 흥미롭다. 가우디는 돌, 벽돌과 회반죽을 이용해 벽을 만들고 그 위에 카탈루냐어로 '트렌카디스(trencadis)'라고 하는 깨진 타일 조각을 이용한 모자이크 장식을 사용했는데, 이 장식은 이후 가우디의 작품을 대표하는 표현방식이 되었다. 「구엘 별장」에는 다양한 색깔의 재료들이 서로 어우러져 화려하면서도 전체적인 통일감 속에서 결코 두드러져 보이지 않아 신비감마저 들게 한다. 벽돌에는 노란색이나 빨간색과 같은 강렬한 색을 배합하고 타일을 덧붙이는 경우에는 청색, 녹색과 같은 차가운 색을 배합시킴으로써 통합된 조화를

61

금방이라도 튀어나올 듯 생생하게 표현된
「구엘 별장」의 강철 대문.

이루어 내고 있는 것이다.

「구엘 별장」은 재료의 질감이나 색상 이외에도 구체적인 장식을 통해 많은 이야기를 전달하려 한다.「구엘 별장」의 대문에는 강철로 만들어진 뱀이 아가리를 크게 벌리고 지나가는 사람들을 위협하고 있다. 금방이라도 자기를 붙들고 있는 강철대문을 부수고 나올 것 같이 생생한 뱀과 그 옆에 우뚝 솟은 황금열매 나무기둥은 분명 어떤 신비로운 나라의 주인공인 듯 보인다. 이러한 신비롭고 커다란 장식은 제우스가 잠의 요정인 헤스페리데스라는 세 명의 처녀들과 동굴 뱀 라돈에게 황금열매가 열리는 나무를 헤라클레스로부터 지키도록 했다는 그리스 신화를 재현한 것이다. 그래서 황금열매를 지키는 라돈은 입을 커다랗게 벌린 채 별장의 대문 옆에서 있는 황금열매 나무를 지키고 있는 형상을 하고 있는 것이며, 황금열매를 지키지 못해 나무로 변했다는 세 명의 요정들은 별장의 정원에 있는 포플러와 버드나무, 그리고 느릅나무로 표현하였다.

그리스 로마 문화에 상당한 관심을 가졌던 구엘은 이처럼

그리스 신화를 그대로
재현한 「구엘 별장」.

신화를 그대로 옮겨 놓은 듯한 자신의 별장을 너무나 좋아했다.
이 일을 계기로 구엘은 자신의 성향을 완벽하게 이해하고 실현
시켜줄 수 있는 가우디에게 전적인 신뢰를 보내게 된다. 1900년
바르셀로나에서 비교적 높은 지대에 위치한 뻴라다(Pelada, 벌거
벗은 산등성이)를 구입한 구엘은 그곳을 아예 그리스 신화에
나오는 파르나소스 산처럼 만들고 싶었다. 구엘은 아폴로신이
사악한 뱀과 용을 죽여 땅에 묻은 자리를 기념하여 그리스인
들이 그 위에 도리아식 신전을 세운 것처럼, 이곳 바르셀로나
에 아테네의 델포이를 재현시킬 것을 제안했다. 가우디는 구엘
의 의견을 존중하면서도 자신만의 해석으로 또 하나의 창조물
을 세상에 내놓았다. 이것이 그 유명한 「구엘 공원 Park Güell」
(1901~1914)을 만들게 된 배경이다.

63

구엘 공원(Park Güell)

「구엘 공원」이 들어 설 뻴라다 산은 해발 120-150미터에 달하는 험악한 지형으로, 도무지 공원이 들어설 자리로는 적합하게 보이지 않았다. 가우디는 건축의뢰가 들어오면 언제나 직접 부지를 찾아 주변의 환경과 어떻게 유기적으로 조화를 이루며, 자연을 닮은 건축물을 창조할 수 있을지에 대해 많은 생각을 했다. 가우디는 부지가 가진 풍부한 자연미를 보존하기 위해 초목을 잘라내지 않은 채 산을 오를 수 있도록 구불거리는 길을 내리라 마음먹었다. 공원과는 전혀 어울리지 않던 부지는 이제 지상의 어느 곳에서도 볼 수 없는 가장 아름다운 공원으로 탄생하고 있었다. 특히 「구엘 공원」의 구불거리는 길은 영국식 정원이 가지고 있는 픽처레스크(picturesque)적인 성향을 가지고 있다 하여 카탈루냐식인 '공원(parc)'이 아닌 영어식 '공원(park)'으로 표기 되었다고 전해진다.

「구엘 공원」에 들어서면 마치 이상한 나라에 온 느낌을 받는다. 직선은 찾아볼 수 없고 온통 구불거리는데다가 동화책에서나 나옴직한 형상들이 특이한 껍질로 싸여 있기 때문이다. 기본 장식에 덧붙은 카탈루냐 전통의 '트렌카디스 장식'은 가우디의 건축언어를 보다 더 풍부하게 만든 장본인임에 틀림없을 것이다. 카탈루냐의 미장공들이 개발한 물고기 비늘 같은 이 타일장식은 그 기법과 형태에 있어서도 매우 독특한데, 더욱 재미있는 것은 이를 표현하기 위해 가우디가 취했던 행동들이다.

가우디는 인부들에게 출근하는 길에 깨진 타일 조각이 있으면 주워오라고 지시하거나, 아주 조심스럽게 배달된 베네치아 타일을 받자마자 산산조각을 내버려 운송업자들을 황당하게 만들기도 했다고 한다. 다양

가우디가 즐겨 사용한 모자이크 타일 기법.

한 색의 깨진 타일들은 온통 「구엘 공원」을 덮고 있다. 특히 공원의 대 계단은 1984년 유네스코로부터 세계문화유산으로 지정될 만큼 독특한 것으로, 활기찬 조형감과 함께 타일 조각의 화려한 색채를 자랑한다. 계단은 두 갈래로 나눠지다가 각각 또 다른 계단으로 이어져 있어 형태적으로나 장식적으로 바로크적이라고 평가될 만큼 다이나믹한 구성을 하고 있다. 계단 양쪽의 둥근 벽 표면은 짙은 색과 옅은 색을 번갈아 배치한 타일 조각들로 덮여있다.

일단 모자이크를 구성할 디자인이 결정되면 가우디는 표면 작업을 미장공에게 지시하는데, 이러한 타일 조각의 작업은 미장공에게 절대 쉬운 일이 아니었다. 가우디는 작업하는 인부들 곁에 앉아 타일이 붙을 자리를 일일이 지시했고, 결과가 마음에 들지 않으면 지금까지 붙였던 모든 타일들을 떼어내어 처음부터 다시 하도록 했다. 그리고 이러한 일은 몇 번이나 반

복되었다. 이를 통해 오늘날의 아름다운 길이 완성된 것이다. 다양한 색채의 타일 조각들은 구불거리는 벤치에도 이어져 있는데, 벤치는 마치 하늘에서 떨어져 쉬고 있는 아름다운 비늘로 덮인 용처럼 보인다. 이처럼 가우디의 장식은 형태도 색채도 마치 자연이 빚어낸 듯한 착각을 불러일으킨다.

> 장식에는 색이 반드시 들어가야 한다. 자연이 우리에게 보여주는 것 중에 똑같은 것은 하나도 없다. 식물이나 지형이나 지세나 동물의 세계에도 항상 색감의 대비가 있다. 그러므로 우리는 무조건 건축물에 부분적으로든 전체적으로든 색을 가미해야 한다.

가우디는 고대 그리스 신전 건축이 가지고 있는 장식과 색채가 자신의 건축에 많은 영향을 미쳤음을 시인한다. 그리스 신전은 형태만으로도 장엄함과 통일성을 달성하지만, 그것에 사용된 색채로 인하여 형태는 더욱 명확해졌다고 본 것이다. 가우디는 색이란 형태를 분명하게 하고 생기 있게 해주는 수단이라고 여겼고, 단색은 무미건조한 것으로, 실력이 없는 건축가의 '은폐수단'이라고 생각하였다.

대 계단에 있는 3개의 분수는 「구엘 공원」을 더욱더 활기차게 만들고 있다. 지상에 떨어진 빗물이 모이면 세라믹 재질로 된 용의 입으로 토하듯이 나오게 되는데, 이 역시 아폴로신에 의해 죽임을 당해 매장된 용이 땅속에서 물을 지키고 있다는 그리스 신화를 재구성한 것이다. 살아있는 듯 꿈틀거리는 용의 형태는 반짝거리는 색색의 타일 조각들과 태양 빛을 쏟아내는 물줄기로 인해 더욱더 생생하게 보인다. 「구엘 공원」 정문에 있는 봉사관과 경비실 또한 돌로 된 벽과 함께 잘게 부순 무지개 빛의 모자이크 타일로 둘러싸여 있어 마치 반짝거리는 거대한 버섯처럼 보인다. 이는 잘게 부서진 세

반짝이는 모자이크 타일로 만들어진 「구엘 공원」의 분수대.

라믹 파편들이 둥근 지붕 위에서 햇빛을 굴절시키기 때문이다. 이렇게 「구엘 공원」의 모든 것은 낮에는 햇빛에 빛나고 밤에는 달빛에 반짝거리며 바르셀로나의 많은 연인들을 유혹한다.

가우디는 「구엘 공원」이 좋았다. 그래서 아버지와 죽은 누이의 딸과 함께 이곳에서 삶의 보금자리를 마련했다. 가우디는 「구엘 공원」을 신을 위해 만든 지상의 천국이라 생각했고, 그런 자신의 작품 속에서 지낼 수 있다는 것이 행운이라고 생각했다. 자신을 가장 사랑한 아버지와 신을 느낄 수 있는 곳. 하

지만 그곳에서 가우디는 아버지마저 하나님의 품으로 보내야
했다. 건축가의 재능을 물려주었고 자식의 미래를 위해 모든
것을 희생하고 버렸던 아버지였다. 그런 아버지를 잃자 가우디
는 더욱더 말이 없어졌고, 오직 일에만 파묻혀 지내게 되었다.

조각으로 말하다 - structural ornament

건축표피의 장식이 강조되던 가우디 작품은 점점 거대한
조각으로 변해가고 있었다. 이것은 '총체적인 자연'의 모습을
표현하려는 가우디의 사고가 무르익었음을 보여주는 것으로,
그의 건축이 비로소 장식과 구조가 하나로 결합된 것이었다.
하지만 그럼에도 자연을 닮으려는 그의 건축적인 이상은 변하
지 않은 채 계속되었다. '인간의 건축은 직선이지만 신의 건축
은 곡선'이라고 항상 주장했던 가우디의 생각은 더욱더 강해
져갔다. 모서리 없이 계속되는 연속된 곡선으로 만들어진 가
우디의 건축물들을 보노라면 마치 돌을 깎아 만든 조각과 같
다는 착각을 불러일으킨다.

바르셀로나에 위치한 「카사 바트로 Casa Batlló」(1904~1906)
와 「카사 밀라 Casa Milá」(1906~1910)는 그의 이러한 조각적
성격을 잘 말해주는 작품이다.

카사 바트로(Casa Batlló)

바르셀로나 그라시아 거리에 나란히 서 있는 개성 만점의

건물 여섯 채는 이곳을 '부조화 지구'라는 별칭을 붙이게 할 만큼 다양한 입면을 가지고 있다. 당시 그곳에는 우리로 말하자면 재건축의 붐이 한창이었다. 그래서 이곳에 있는 저택을 소유한 사람들은 너나할것없이 유명한 건축가를 섭외하여 가장 멋진 집을 지으려 했다. 물론 가우디가 설계한 「카사 바트로 Casa Batlló」 또한 이러한 이유로 지어진 건물이다. 가우디의 성향대로라면, 그는 분명 주변에 나란히 붙어있는 주택들과 조화를 이루려 했을 것이다. 하지만 가우디의 독특한 성향은 자연이 아닌 사람이 만든 인공물 사이에 묻혀버리기엔 너무도 특별한 것이었다. 「카사 바트로」의 외관에는 동물의 뼈와 같이 생긴 기둥들이 단순히 징식이 아닌 구조적 요소로 구성되었다. 그래서 바르셀로나 사람들에게 이 집은 '뼈로 된 집'으로 불린다.

「카사 바트로」는 바르셀로나 실업가 바트로 카사노바스의 허름한 집을 개축하는 프로젝트였다. 건축주 바트로는 그라시아 거리에서 가장 화려하고 멋진 집을 지으리라 결심

'뼈로 된 집' 「카사 바트로」.

하고 가우디를 찾아갔다. 하지만 건축주가 가진 바람과는 달리 가우디에게 문제가 되는 것은 외관이 아니었다. 워낙 구조적으로 낡은 건물이었기에 가우디는 어떻게 하면 낡은 구조 위에 새로운 공간을 만들 수 있을지에 대해 3일 동안이나 밤을 새우며 고민하였다고 한다. 고민 끝에 나온 결론이 몬주익에서 생산되는 암석으로 1, 2층의 정면을 새롭게 만들고, 뼈 형상의 기둥들을 사용하는 것이었다.

「카사 바트로」는 전체가 마치 원시시대에 있었던 거대한 동물의 뼈를 심어놓은 듯 보인다. 발코니에는 눈 부분이 숭숭 뚫린 괴물의 머리뼈가 돌출되어 있고, 2층에 튀어나온 창가엔 허벅지 뼈 같은 기둥이 흘러내릴 듯한 건물을 지탱해주고 있다. 가우디의 상상력은 거기서 멈추지 않고, 옥상에 동물의 척추 뼈를 연상시킬 듯한 지붕을 얹어놓았다. 물결치는 건물의 표면은 파도가 지나간 듯이 여러 빛깔의 모자이크로 덮여 반

동물의 뼈가 모인 듯한
「카사 바트로」의 외관.

짝이고, 그 위엔 거대한 비늘의 아르마딜로(Armadillo)가 쉬는 듯 누워있다. 아침햇살을 받으면 건물은 온통 무지개 빛으로 반짝거려 독특한 분위기를 만들어 내는데, 이 원색의 세라믹은 차가운 발코니의 돌과 대조를 이루면서 더욱더 돋보인다. 마리우스 아리 르블롱은 이 건물을 본 후 이렇게 말했다고 한다.

이 건축가는 햇볕 아래에서 그림을 그리는 수채화가처럼 집을 바라보았다. 건물을 햇빛의 반사에 따라 끊임없이 변하는 도자기나 유리자기처럼 여기면 안 된다는 법이 있는가?

「카사 바트로」의 조형적 성격은 표피와 구조체의 구분을 무의미하게 만들고 있으며, 그 특징은 외부에서 끝나지 않고 내부까지 연결되고 있다. 내부의 공간은 어디까지가 벽이고 어디부터가 천장인지 알 수 없을 정도로 한 덩어리로 연결되어 있어 전체가 견고한 구조체의 역할을 하고 있다. '뼈를 드러낸 바다의 생명체'「카사 바트로」는 앞으로 지어질 장대하고 드라마틱한 「카사 밀라」를 예고하면서 바르셀로나의 거리에 우뚝 솟아있다.

카사 밀라(Casa Milá)

가우디의 명성은 날이 갈수록 놓아갔다. 평소에도 가우디의 작품을 좋아했던 페드로 밀라 이 캄프스는 「카사 바트로」를 보고 한눈에 매료당해 주저하지 않고 가우디에게 공동주택계획을 의뢰하게 된다. '라 페드레라(La Pedrera, 채석장)'로 더 많이 알려진 「카사 밀라」는 마치 인공의 건축물들로 채워진 도시를 비난이라도 하듯 거대한 돌덩어리의 모습으로 우리들 앞에 서 있다. 어린 가우디에게 무한한 상상력을 제공해주었던 몬세라도 산이 가우디의 손을 통해 새롭게 그 모습을 드러낸 것이다. 거친 돌로 마감되어 있는 「카사 밀라」의 정면은 발코니 난간을 장식하고 있는 갓 뜯어온 듯한 해초 덩어리로 인해 더욱더 자연과 가깝게 느껴진다.

고색창연한 돌은 담쟁이덩굴, 발코니의 꽃들과 어우러져 풍부한 느낌을 전해주고, 이 저택에 끊임없이 다양한 색조를 준다.

「카사 밀라」의 거대한 덩어리는 지나가는 사람들의 시선을 끈다. 당시에 건축된 스페인 도시의 주택들은 대칭, 직선, 직각이 특징이었다. 이와는 달리 「카사 밀라」의 외관은 '멈추지 않는 선(Endless line)'으로 묘사될 정도로 물결치는 듯한 리듬을 건물 전체로 표현하고 있다. 흐르는 선은 외관뿐 아니라 각 층의 내부에도 이어져있으며, 잔물결이 일렁거리는 호수 면과 같은 천장은 보는 이로 하여금 감탄을 금치 못하게 만든다. 커다란 비누방울 속에 작은 비누방울들이 모여 각 방을 이루고 있는 것 같은 「카사 밀라」는 그야말로 거대한 유기체의 모습을 하고 있다.

「카사 밀라」의 기 괴한 외관은 옥상을 지 키고 있는 여러 수호신 들로 인해 더욱더 신비 로워 보인다. 가우디는 지붕 위에 솟아오른 굴 뚝 하나, 환기탑 하나 도 그냥 두는 법이 없 었다. 가우디에게는 굴 뚝도, 환기탑도 표현할 수 있는 하나의 대상이

거대한 자연의 형상을 가진 「카사 밀라」.

었고, 그래서 그것들은 하나같이 「카사 밀라」를 지키는 수호 신이 되어 우리를 초현실세계로 인도하고 있는 것이다.

건물이 완성되자 바르셀로나 시민들의 반응은 놀라움 그 자체였다. '인간의 손으로 만든 거대한 산'이나 '아주 조용히 숨을 내쉬는 돌로 된 폐'와 같이 「카사 밀라」가 가진 유기적 인 형태나 조형성을 높이 평가하는 찬사도 있었지만, 대부분 은 「카사 밀라」에 대한 노골적인 비난과 조롱이었다. 많은 만 화가들이 지방신문에 「카사 밀라」를 풍자하는 그림을 그려 떼돈을 벌었다는 말이 나올 정도였다. 한 아이가 부모에게 "엄 마, 여기 지진이 일어났어요?"라고 묻는 모습을 그린 만화나 부활절에 「카사 밀라」와 같은 건물을 사달라고 조르는 아이

73

를 표현한 풍자그림이 그려지기도 했다. 비행기 격납고와 고물상, 지저분한 동물이 가득한 노아의 방주의 모습을 한 「카사 밀라」는 이후 '말벌집', '고기파이' 등의 별명이 따라붙기도 했다. 시민들의 이러한 반응은 당시 어느 누구도 창조하지 못했던 건물에 대한 폭발적인 관심을 의미하는 것이었다.

하지만 「카사 밀라」가 갖고 있는 가장 중요한 의미는 일반적인 건축방식에서 벗어나 어떠한 양식으로부터도 영향을 받지 않고 건축을 조각적인 측면에서 접근했다는 점에 있을 것이다. 「카사 밀라」는 평면적이고 장식적인 아르누보의 원리가 건물의 형태나 볼륨감뿐만 아니라 공간에도 적용될 수 있는 가능성을 보여주었다. 결과적으로 「카사 밀라」는 어떠한 건축이나 어떠한 예술품과도 비교의 대상이 될 수 없는 작품으로 평가되었고, 1984년 유네스코는 이 위대한 건축물을 세계문화유산으로 지정했다.

수도자 가우디

정직한 노동, 그리고 예술

가우디는 모든 것을 행동으로 옮겨야 직성이 풀리는 실천적인 인물이었다고 주변 사람들은 한결같이 입을 모은다. 가우디는 자신이 가진 미적 감각을 정확하게 표현할 줄 알았으며, 스케치와 메모만으로 끝내는 일 없이 항상 실행으로 옮겨 미를 향한 열정을 불태우려 했다. 그의 어린 시절로 돌아가 보더라도 이러한 성향은 쉽게 찾아볼 수 있다. 카탈루냐 역대 왕의 묘와 궁이 있던 포블레트(Poblet)의 시토 수도원(Cistercian Abbey) 유적지는 어린 시절 가우디가 즐겨 찾던 곳 중 하나였다. 가우디는 돌무더기 속에서 끊임없이 스케치와 메모를 반복하며 포블레트의 복원을 꿈꿨다.

　가우디는 다음과 같이 생각했다. 이곳에 널려있는 건물의 잔해들이 애초에 가졌던 역할들은 무엇이었을까? 아치를 만들 때 건축구조들 간의 비례는 어떠했을까? 무게는 어떤 식으로 전달되었고, 무엇이 그것을 지탱하였을까? 이렇게 고딕건축이 가진 힘의 원리를 곰곰이 알아가던 가우디는 그 속에서 자연스럽게 고딕의 숭고한 장인정신을 배울 수 있었다. 하나님이 주신 능력을 감사히 여기며 하나님을 위해 쌓는 벽돌 하나하나에 모든 정성을 쏟아내는 장인들의 숭고한 노동과 삶. 이후 청년으로 자란 가우디는 자신도 모르는 사이 진정한 노동의 대가가 인정되는 이상적인 사회란 어떤 것인지에 대하여 이해하게 되었다.

　학창 시절 가우디가 살던 지역 가까이에 고딕양식의 「산타 마리아 델 마르 성당 Santa Maria del Mar」이 있었다. 이 성당은 가우디가 본 고딕 성당 중에 최고였는데, 이 성당을 통해 가우디 자신은 미래에 자신이 추구하게 될 건축과 신앙의 통합 가능성을 발견할 수 있었다. 이 성당은 지역 공동체, 즉 양초 생산자, 무두장이, 어부 등 12개가 넘는 길드로 조직된 상인들이 돈을 내는 대신 채석장에서 거대한 바위를 직접 옮겨 건축한 것이다. 그리스도의 가르침 안에서 그들은 하나의 가족이 되었고, 정직한 노동으로 예술을 꽃피워냈던 것이다. 이러한 사상은 가우디가 「성가족 성당」을 짓는 데에 있어 근본적인 철학적 배경이 되었을 것이며, 그래서 「성가족 성당」은

코뮌(Commune)이라 불리는 화가, 조각가, 석공, 벽돌공, 주물사 등의 지역 공동체 장인들과 함께 3대를 내려와 현재까지도 그 유대가 이어지고 있다. '정직한 노동과 예술'이라는 원리를 통해 하나님의 사회를 창조하겠다는 가우디의 꿈은 결국「성가족 성당」에서 이루어지게 된 것이다.

가우디가 행한 작업은 모두 지나칠 정도로 까다롭게 진행되었다. 가우디는 대부분의 건축가들처럼, 책상에 앉아 설계를 하고 공사는 인부들에게 맡기는 방식을 택하지 않았다. 설계 또한 책상에 앉아 하는 것이 아니라, 공사가 진행될 현장 속에서 이루어졌다. 그렇기에 가우디의 일터는 당연히 공사장이 되었다. 가우디는 인부 곁을 떠나지 않고 그들이 하는 작업 모두를 직접 감독했는데, 생각한 대로 결과가 나오지 않으면 공사비도 공사시일도 상관없이 될 때까지 부수고 또 부수는 일을 반복하였다.

여기에 하나의 일화가 전해진다. 아스토르 가에 있는「에피스코팔 궁전 Palacio episcopal」을 공사하는 과정에서 현관 아치가 약간 앞으로 기울어져 제자리를 잡기까지 많은 어려움이 있었는데, 그 일은 마치 불가능한 것처럼 보였다고 한다. 현관 아치는 두 번이나 무너졌고 더 이상의 노력은 이제 의미가 없어 보였지만, 가우디의 노력은 결코 그칠 기미를 보이지 않았다. 알론소 루에고는 당시의 상황을 다음과 같이 묘사하고 있다.

시민의 절반이 가우디의 작업현장에 몰려들었다. 스페인의 건축가들 또한 미묘한 미소를 띤 채, 이 미친 짓이 어떻게 끝이 날지에 대해 주목했다. 발판에 올라선 가우디는 얼마나 많은 사람들이 주위를 에워싸고 있는지는 아랑곳하지 않고, 돌을 들어 움직일 때마다 두 팔을 번쩍 들었다. 그는 마치 시뻘겋게 타오르는 불꽃같았다(가우디는 이 미친 짓을 해질 무렵까지 계속했고, 눈이 내리기 시작했다. 아치는 다시 한번 무너져 내렸고, 가우디는 고집스럽게 처음부터 다시 시작했다). 껍질이 다 벗겨진 가우디의 손이 순간 돌과 하나가 되었고, 그의 맥박은 인부의 맥박과 하나가 되었다. 훗날 이 인부는 자신의 수공예술을 제대로 알아준 사람은 가우디뿐이었으며, 드디어 현관에 마지막 돌이 놓이고 다시는 움직이지 않게 되었을 때, 가우디와 얼싸안았던 그 순간이 인생에서 가장 감동적이었다고 회상했다.

이렇게 괴짜 건축가로 유명했던 가우디가 27세의 주졸이라는 젊고 세련된 건축가와 함께 「구엘 공원」을 건설했을 때 많은 사람들은 주졸과 주변의 기능공들을 걱정했다. 가우디의 독특함이 그들을 힘들게 할 것이라 여겼기 때문이었다. 하지만, 불협화음과도 같은 두 사람이 이룬 작품은 실로 대단한 것이었다. 주졸은 대부분의 사람들이 가우디를 자기 멋대로 행동하는 괴팍한 건축가라고 여기는 편견을 부정하면서, 가우디는 다른 사람에게 일을 어떻게 맡겨야 하고 누가 가장 적합한 사람인지를 가릴 줄 아는 특이한 천재였다고 확신했다. 가우디는 항상 함께 일하는 사람들을 믿었고 그래서 결과는 언제나 완벽할 수 있었다고 했다. 하지만 열정을 바친 노동으로 완벽한 결과물을 만들려는 가우디의 이러한 성향은 광기어린 행동으로 비쳐지기도 했다.

한 공사현장에서 있었던 일이다. 숙련된 미장공의 장미 조각은 누가 보아도 아름다웠다. 하지만 가우디는 만족스러워하지 않았다. 그 장미는 후원자 로사리오 부인을 상징하는 장미여야 했지만, 가우디의 눈에는 그렇게 보이지 않았기 때문이었다. 미장공의 노력은 가우디를 만족시킬 때까지 계속되었고, 결국 가우디 스스로 평범한 장미를 신의 장미로 탈바꿈시키고 나서야 이 일은 일단락되었다.

이렇게 가우디는 자신의 손을 거쳐 만들어지는 모든 것, 특히 생명체를 표현하는 것에 남다른 애착을 가지고 작업을 진행했다. 그것이 비록 돌이나 강철과 같은 재료로 만든 것이라 해도 그것은 반드시 생명의 혼을 담아야 한다고 생각했던 것 같다. 「성가족 성당」에 장식될 사람과 동물들은 실제의 모델에 따라 만들어졌다고 전해진다. 가우디는 사진이나 그림책을 참고로 작업하는 것을 원치 않아서, 그가 작업하던 지하실에는 죽은 새와 동물들의 시체가 가득했다고 한다. 사람의 경우도 예외는 아니었다. 기도하는 가난한 자의 모델을 구하기 위해 실제로 병원에 안치된 부랑자의 시체를 고르기도 했다는 일화는 우리를 섬뜩하게까지 만드는 대목이다.

일단 모델이 정해지면 가우디는 그것이 살아있는 동물이라 해도 상관하지 않고 석고를 부어 모형 틀을 만들었다. 가우디에게 중요한 것은 오직 자신의 손으로 마리아와 요셉과 마구간의 나귀와 양들을 다시 부활시키는 것뿐이었으므로 다른 어떤 것도 문제가 되지 않았다. 사람을 모델로 쓰는 경우에는 여러 각도로 기울어진 거울을 통해 모델의 정확한 모습을 관찰하고 그려냈다. 이런 식으로 만들어진 모형은 실제로 그것이 앉혀질 위치에 놓고 혹시 아래에서 바라볼 때 왜곡되어 보이지나 않는지를 확인한 다음, 모든 면에서 가우디의 마음에 흡족한 후에야 비로소 돌로 조각된 생명체가 탄생하는 것이었다.

1913년 모테비데오의 「라라손 신문」 기자와의 인터뷰에서 가우디는 스스로 이렇게 말했다고 한다.

「성가족 성당」 외관을 둘러싼 정교한 조각들.

인간은 두 부류로 나눌 수 있습니다. 언어의 인간과 행동의 인간이지요. 언어의 인간은 말하며, 행동의 인간은 실천합니다. 저는 두 번째 부류에 속합니다. 저는 언어 표현력이 부족하지요. 가령 저는 예술에 대한 생각을 표현하는 데 서툴러서, 말로든 글로든 남긴 적이 없습니다.

가우디는 대학 시절 작업실 건축보조원으로 시작하여 총 75건에 달하는 프로젝트를 맡았고, 실제로 바르셀로나 시(市)와 그 인근에서 13개 정도의 작품을 만날 수 있다. 하지만, 가우디는 '미(美)를 숭배한 고독한 사제'라고 불릴 만큼 자신의 개인적인 기록은 거의 남겨놓지 않아 그의 작품들은 마치 미스터리 속에 파묻혀 있는 것처럼 보인다. 이는 마치 인간의 이성을 바탕으로 무엇인가 기록하는 것조차 죄악시했던 중세 성당의 장인들처럼 느껴진다. 가우디는 글로 자신의 작품세계를 남기기보다 오직 기도와 행동만으로 실행했던 건축가였다. 그러니 그를 진정한 중세의 장인정신을 가진 건축가라고 불러도 괜찮지 않을까.

사그라다 파밀리아(La Sagrada Familia, 1882~1926, 성가족 성당)

바르셀로나 마요르까 거리에 신 고딕양식으로 세워지고 있는 「성가족 성당」은 1866년에 처음 계획되었다. 기계화와 근대화로 점차 타락해져 가는 도시생활을 정화시킬 수 있는 것은 오직 '신의 집'뿐이라는 한 출판업자의 확신에서 출발한 「성가족 성당」은 명칭에서 의미하는 것처럼 가족들이 모여 기도할 수 있는 곳으로 계획되었다. 그래서 성당의 주제 또한 예수, 마리아, 요셉 세 사람의 성스런 가족이 중심을 이루고 있다.

차가운 인간의 영혼을 정화시킬 성당의 건축비를 위해 성당 건축위원회가 설립되었고, 공식적인 모금도 시작되었다. 1882년 설계를 부탁받은 건축가 빌랴르(F. de P. Villar y Lozano)는 좋은 취지의 계획이었기에 돈을 받지 않고 50명의 노동자와 함께 성당을 짓기 시작하였다. 하지만 성당을 무조건 싸게만 지으려고 하는 교구의 자세에 빌랴르는 환멸을 느껴 결국 작업을 포기했고, 자신의 후임자로 제자인 가우디를 추천하게 되었다. 그렇게 가우디가 본격적으로 이 성당의 공사에 참여한 것은 1883년 지하의 납골당 기둥이 반 정도 건립될 무렵이었다.

젊은 건축가가 공사를 맡게 되었으니 건축비를 좀더 아낄 수 있을 것이라는 교구의 기대는 완전히 빗나갔다. 가우디가 공사를 맡으면서 빌랴르가 설계한 초기의 디자인은 폐기되고 완전히 새롭게 시작하였다. 이미 가우디의 머릿속에는 가장 성스럽고 가장 아름다운 성당이 그려지고 있었다. 가우디는 「성가족 성당」을 통해 카탈루냐의 정신을 제대로 표현하고 싶었고 또한 완벽한 가우디의 성격으로 인해 작업은 결코 '대충'될 수 없었다. 교구의 만성적인 적자는 공사를 종종 중단시키는 위기가 되기도 하였으나, 공사의 느린 진행은 오히려 가우디에게 종교적인 상징을 완벽하게 설계에 반영하고 충분히 검토할 수 있게 해주었다.

이 교회는 신이 머무는 곳으로, 기도하는 장소입니다. 여기에 모인 우리 모두는 로마의 카타콤베에 있는 초기 교회에서 기도를 드렸던 사람들과 같은 마음으로 기도를 드립니다.……크리프타 위에는 주 제단을 설치하고 평면도는 라틴 십자형으로 다섯 개의 회랑(回廊)과 바실리카 양식의 회랑 세 개를 만들 것입니다. 세 개의 정문을 갖추고 정면에는 마요르카 거리와 마주한 다섯 개의 회랑에 상응하는 다섯 개의 입구를 갖출 것입니다. 그리고 양 옆 문에는 다섯 개의 회랑에 상응하는 세 개의 입구를 만들 것입니다.……각 정문에 네 개의 탑이 설치되고 삼면에서 12사도를 표현해낼 것입니다.……교회는 돔에서 비추는 빛과 유리창을 통해 들어오는 빛이 조합되어 아름다움이 넘쳐흐를 것입니다. 영광된 빛이 교회 안의 색채를 밝게 비추겠지요.……이 교회가 세워지는 중요한 이유는 신의 집과 기도와 명상의 집을 만드는 것입니다.……이 교회는 종교를 올바르게 볼 수 있는, 넓게 열려진 공간이 될 것입니다.

갑부들의 저택을 건축할 당시 느꼈던 건축주들의 횡포와 독선은 가우디로 하여금 더욱더 종교적인 건축에 열의를 바치도록 만들었을지 모른다. 가우디는 「성가족 성당」을 통해 지금까지 자신이 쌓아 온 모든 경험을 모아 최고의 걸작품을 만들 것이라고 스스로 다짐했다. 가우디가 건축을 통해 혹은 조각을 통해 표현하고 싶었던 것들이 하나하나씩 가우디의 머릿속을 채워나갔다. 1906년 건물의 계획이 마무리되면서 가우디는 예수의 '탄생'과 '수난'과 '영광'을 의미하는 세 개의 정면 중 '탄생' 부분을 작업하기 시작하였다. 「성가족 성당」의 정면이 될 '탄생'은 하늘을 찌를 듯한 4개의 포물 첨탑으로 구성되어 있으며, 첨탑을 이루고 있는 돌 하나하나는 예수의 탄생을 의미하는 정교한 조각들로 이루어져 있다.

　「성가족 성당」은 돌과 종교와 예술이 삼위일체를 이루는 작품으로, 가우디 스스로 속죄사원이라고 칭하면서 건축하는 과정을 자기희생의 과정으로 생각했다고 전해진다. 성당 전체는 '돌로 만들어진 성서'로서 장인들이 직접 손과 연장으로 성서에 기록된 장면들과 가르침 등을 장식과 상징들로 구체화시키고 있다. 가우디는 넘쳐나는 빛 속에 성스러운 조각들과 음악이 있는 성당이 되길 희망했으며, 그래서 모든 부분에 하나하나의 의미를 상징적으로 표현하려고 애썼다.

　탑에 성스럽도다(Sanctus, Sanctus, Sanctus)라고 새겨진 세 글자는 각각 성부와 성자와 성령에게 봉헌한 말이다. 성부에게 바친 성스럽도다(sanctus)는 태양과 같은 노란색으로, 성령에게 바친 두 번째 글자는 오렌지색으로, 성자에게 바친 세 번째 글자는 순교자의 전례를 나타내는 진홍색으로

「성가족 성당」

칠할 예정이다. 이 세 가지의 색상은 각각 대비가 되는 보라색, 청색, 녹색 바탕 위에 씌어지게 된다. 이 글을 읽는 사람들은 모두가 '성스럽도다'를 중얼거리며 성 삼위일체를 향한 찬미가를 부르리라. 그리고 찬미가가 사람들의 시선을 하늘로 인도할 것이다. 어떤 사람들은 수난의 파사드(facade)가 전체적으로 돌출되어 보인다고 생각할지 모른다. 그러나 나는 경외감을 나타내고 싶었다. 그 때문에 빛의 명암, 요철의 모티프, 비장미를 나타낼 수 있는 모든 방법을 사용하려고 한다. 그리고 건물 자체가 희생이 되어도 좋다고 생각한다. 아치를 파괴하고 열주를 쓰러뜨리더라도 희생의 피흘림을 상기시킬 수 있다면.

1883년부터 1926년까지 43년간 가우디의 일생은 「성가족 성당」 공사에 전부 바쳐졌다. 특히, 마지막 10년은 작업실을 아예 현장 사무실로 옮겨 인부들과 숙식을 함께했다. 이 당시 가우디는 사랑하는 사람들을 차례로 잃는 극도의 슬픔을 이겨 내야 했다. 속세에 미련을 버린 듯 성당을 건설하면서 가우디는 종교에 모든 것을 의지했고, 이런 성향은 죽을 때까지 계속되었다. 가우디의 모든 열정이 승화된 곳은 바로 그의 작업실이었다. 그러나 가우디는 살아있는 동안 「성가족 성당」을 완성할 수 없음을 스스로 알았고, 가우디 자신도 알지 못할 먼 훗날을 기약하며 설계와 시공을 해야만 했다.

나에게 점점 죽음의 그림자가 드리워지고 있다. 슬프게도 내 손으로 「성가족 성당」은 완성시키지 못할 것이다. 내 뒤를 이어 완성시킬 사람들이 나타날 것이고, 이러한 과정 속에서 교회는 장엄한 건축물로 탄생하리라. 타라고나 대 성당의 예에서 보았듯이 처음 시작한 사람이 마지막 완성까지 보았다면 그만큼 웅장함을 기대할 수 없었을 것이다. 시대와 함께 유능한 예술가들이 자신들의 작품을 남기고 사라져 갔다. 그렇게 해서 아름다움은 빛을 발한다. 대 제단, 사스토레스가(家)의 작은 교회, 성 테크라 교회에서는 여러 양식이 쓰였음에도 조화롭다. 많은 예술가들이 형태와 양식의 다양함 속에서도 통일성을 잃지 않았기 때문이다.

가우디가 죽은 지 3년 후에 그가 구상한「성가족 성당」의 전체 도면이 확정 발표되었다. 그 후「성가족 성당」은 가우디의 작업을 계승하는 건축가들의 기술적인 연구를 바탕으로 지금까지도 계속되고 있다. 하나님은 가우디의 영원한 후원자로서, 가우디가 떠난 지금도「성가족 성당」은 그의 보호 속에 여전히 지어지고 있는 것이다. 건축가 없이도 1년에 100만 명 이상의 방문객을 끌어들일 만큼의 관심 속에서 지어지고 있는「성가족 성당」이 주는 메시지는 무엇일까? 아마도 이는 스스로 가슴속에 울리는 소리에 귀 기울여야 들을 수 있을 것이다.

고독한 성자

「성가족 성당」 작업장에서 기거하면서 가우디는 건축가이자 수도자로서의 생활을 한 것으로 알려지고 있다. 매일 거의 똑같은 생활의 반복이었다. 가우디는 하루 종일 공사현장에 있다가도 하루에 한 번씩 산책을 하기 위해 성당을 나섰는데, 그 이유는 그가 고질적으로 앓아온 류머티즘에 운동이 꼭 필요하다는 세바스찬 크네이프(Sebastian Kneipp) 신부의 조언 때문이었다. 가우디의 산책 코스와 노선은 늘 똑같이 반복되었고, 때문에 주변 사람들도 가우디의 하루를 읽을 수 있었다. 오후 5시 반경이면 어김없이 성당을 빠져나온 가우디는 근처 성 펠리페 네리 오라토리오회(San Philip Neri Oratorians) 교회까지 걸어갔다가 돌아오는 길에 우리키나오나 광장에 있는 가판대에서 석간신문 「카탈루냐의 소리」를 사고는 바로 「성가족 성당」으로 돌아오는 것이다. 산책에서 돌아오는 시각은 항상 밤 10시경이었다.

1926년 6월 7일 오후 5시 반경, 그날도 가우디는 성당을 나와 늘 하던 대로 산책길에 나섰다. 6시쯤 바이렌 거리에 도착한 가우디는 코르테스 거리를 건너기 위해 걸음을 멈추었다. 이 거리는 길 양쪽으로 가로수가 심어진 보도가 있고, '붉은 십자가'라고 하는 30번 전차가 달리는 폭이 넓은 거리였다. 그가 막 4차선 코르테스 거리를 가로질러 전차 하행선을 넘어 상행선을 지나려고 할 때, 한 대의 전차가 헤로나 거리 쪽에서 다가오고 있었다. 순긴 가우디는 그것을 보고 뒤로 물러났고, 그때 테투앙 광장에서 카탈루냐 광장으로 향하는 하행선 전차가 미처 피하지 못하고 그를 덮치고 말았다.

사고 직후 기록된 시 경찰 보고서에는 당시의 상황이 다음과 같이 설명되어 있다.

경찰 노트 53번에 의하면 6월 7일 18시 30분, 시르베리오 시르베스트레는 론다 데 산 페드로 구급병원에서 안토니 가우디라는 인물을 구조. 부상자의 상태에 관해서는 불확실하지만 응급병상 진단에 의하면 우측 늑골 타박상과 전신 쇼크를 받음. 그 원인은 항구 사무소 직원 안토니 로치 및 왕립 통신비둘기 사육자 협회원 안토니 노리아의 증언에 의하면 바이렌 거리 앞 코르테스 거리에서 30번 전차에 치임.

그들은 환자이송을 위해 B-5889, B-13270, B-18412, B-18873 택시 운전사들에게 원조를 청했으나 거부당함. 부상자는 응급치료 후 산타 크루스 병원으로 이송됨. 진단을 내린 후 사건 발생장소 관할 경찰서로 모든 권한을 넘김.

가우디가 사고를 당한 후부터 죽음에 이르기까지에 대해 미미한 자료만이 남아있기에 지금까지도 여전히 혼란스러운 상태이다. 특히 가우디가 전신 쇼크의 고통 속에서 론다 데 산 페드로 시립 응급병원에 이송될 당시 자신의 이름을 말해 신분증명을 했다는 점도 믿기 힘든 부분이다. 하지만 확실한 것은, 사람을 친 전차 운전사도 가우디를 병원으로 옮기기 위해 잡았던 택시 운전사도 모두 가우디를 부랑자라고 생각하고는 도움을 외면해버려, 많은 시간 동안 가우디가 길거리에 방치되어야만 했다는 점이다.

가우디의 일상생활은 쳇바퀴 돌아가듯 뻔한 생활이었으므로 많은 시간이 경과한 후에도 돌아오지 않는 가우디를 두고 동료들에게 직감적으로 불길한 생각이 든 것은 당연한 일이었다. 「성가족 성당」을 공사하던 당시 가우디의 일과는 어느 때보다도 일정하여, 미사, 아침묵상, 삼종기도, 산책, 고해성사로 이루어지는 그의 하루는 정확하게 시각과 순서를 매길 수 있었다. 심지어 언제 어느 가판에서 석간신문을 샀는지도 짐작할 수 있을 정도였다. 가우디의 방 청소와 식사를 담당하고 있던 성당 수위는 밤 10시가 지나도록 가우디가 돌아오지 않자 교회의 주임 사제 힐 파레스에게 가우디의 부재를 알렸다. 그들은 무언가 불길한 예감에 휩싸이게 되었고, 곧바로 택시를 불러 직접 병원을 둘러보러 나갔다. 그들은 여러 병원을 전전하며 가우디의 생사를 확인했다. 론다 데 산 페드로 병원, 크리니코 병원 등을 돌아다니며 부상자가 있는지 혹은 사고로 실려 온 사망자가 있는지를 체크했다. 몇몇의 과정 끝에 전차에 치인 사람이 오후 8시경에 산토 크레우스 병동에 옮겨진 사실을 알게 되었고, 자정이 다되어서야 그들은 그곳에서 중태에 빠진 가우디를 발견했다.

당시 가우디는 뇌진탕에 늑골이 골절되었으며, 두개골 골절의 가능성이 있었다. 가우디의 디리에는 다박상이 있었고, 왼쪽 뺨과 귀는 썩어 문드러져 있었다. 파레스 사제는 가우디의 친구들에게 그의 사고 소식을 알렸고, 신원이 확인된 가우디는 개인 병실로 옮겨질 수 있었다. 간신히 의식만이 살아있던 가우디는 성체 세례를 받을 것인지에 대한 사제들의 제안에 조용히 고개를 끄덕였다. 온몸에 깁스붕대를 하고 가슴이 고정되어 있어 턱을 움직이기도 고통스러웠을 가우디는 이제 모든 것을 신에게 맡겼다.

"하늘에 계신 아버지시여."

가우디의 이 말은 가냘픈 신음소리로 끝나고 그는 천천히 천국의 문으로 걸어가고 있었다. 가우디의 사고 소식이 전해

지자 교구의 주교, 시의회 의장 및 시장 등 많은 사람들이 가우디의 모습을 보러 병원으로 몰려들었다. 6월 9일 가우디의 상태는 더욱 악화되었고, 다음날 오전 5시 모두가 모인 병원 예배실에서 가우디의 임종 미사가 거행되었다. 가우디가 죽기 전, 한차례 그의 뺨에 혈색이 잠깐 돌았다. 그는 눈을 떠 주위를 둘러보았다. 침대 주위에는 세사르 마르티넬, 부에나벤투라 코니르, 도밍고 수그라네스, 루이스 보네트 가리 등 여러 건축가와 친구들이 그를 지켜보고 있었다.

가우디는 친구들 덕분에 외롭지 않다는 듯 희미한 미소를 보내고는 74년의 일생을 마치고 주님의 곁으로 떠났다. 가우디는 죽기 전 두 가지의 유언을 남긴 것으로 알려지고 있는데, 후안 루비오와 산타로 박사에게 전해질 것을 제외한 자신의 전 재산을 「성가족 성당」에 기부한다는 것과 장례행렬을 만들지 말라는 것이었다. 하지만 가우디를 사랑한 동료와 친구, 그리고 수많은 추종자들은 그의 죽음을 더 이상 초라하게 만들 수 없었다. 수수한 죽음을 원했던 가우디의 장례행사는 바르셀로나 전체를 울릴 만큼 성대하게 치러졌다. 바르셀로나 신문에 난 한 추모기사는 가우디의 죽음을 이렇게 슬퍼하고 있었다.

바르셀로나의 한 천재가 우리 곁을 떠났다. 바르셀로나의 한 성자가 우리 곁을 떠났다. 돌마저도 그를 위해 울고 있다.

앞으로 더 이상 볼 수 없는 가우디의 얼굴은 조각가 친구인 로렌소의 아들에 의해 데스마스크(death mask)로 만들어져 후세에 전하도록 하였다. 수도복을 입은 가우디는 오크나무 관으로 옮겨졌다. 6월 12일 오후 5시 장례행렬의 선두에는 바르셀로나 경찰 기마대와 긴 망토를 걸친 사제들이 섰고, 그 뒤로 건축가, 건축학교 학생, 교회 기술자 등 끝도 없는 추도자의 줄이 이어졌다. 얼마나 많은 사람들이 모였는지 장례행렬의 선두가 대성당에 도착했을 때에도 병원에는 출발하는 사람들이 아직 남아있을 정도였다.

장례행렬은 가우디의 건축작품이 있는 거리를 따라가며, 건축작업에 일생을 바친 가우디의 죽음을 애도했다. 마침내 「성가족 성당」에 도착한 가우디의 관은 건축학교 학생들에 의해 탄생의 문을 통과해 성당 안으로 천천히 들어왔고, 주위엔 죽은 자를 위한 기도가 울려 퍼졌다. 자신의 마지막 혼을 불태운 바로 이곳 「성가족 성당」의 지하 납골당에 가우디의 묘가 세워졌다. 평범한 삶을 거부하고 평생을 신과 건축을 위해 살았던 '신의 건축가' 가우디. 그의 일생은 비록 외롭고 힘들었지만 그가 죽는 그 순간만큼은 결코 외롭지 않았으리라. 그리고 어디선가 자신의 마지막 걸작이 완성될 날을 지켜보고 있을 가우디는 영원히 우리와 함께할 것이다.

안토니 가우디 코르네트. 레우스 출신. 향년 74세. 모범적인 삶을 살아온 사람으로 대 예술가이며 경이로운 본 교

회의 건축가. 1926년 6월 10일, 바르셀로나에서 생을 마감
하다. 이 위대한 인간의 부활을 기다리며 편히 잠들길…….

큰글자 살림지식총서 128

안토니 가우디 아름다움을 건축한 수도자

펴낸날	초판 1쇄 2015년 5월 28일
	초판 2쇄 2018년 11월 28일

지은이	손세관
펴낸이	심만수
펴낸곳	(주)살림출판사
출판등록	1989년 11월 1일 제9-210호

주소	경기도 파주시 광인사길 30
전화	031-955-1350 팩스 031-624-1356
홈페이지	http://www.sallimbooks.com
이메일	book@sallimbooks.com

ISBN	978-89-522-3143-7 04080
	978-89-522-3549-7 04080 (세트)

※ 이 책은 큰 글자가 읽기 편한 독자들을 위해
   글자 크기 14포인트, 4×6배판으로 제작되었습니다.